目指せ！英語授業の達人**42**

PROFESSIONAL SKILLS FOR ENGLISH TEACHERS

4達人が語る！ 至極の
英語授業づくり
&活動アイデア

奥住 桂 著／上山晋平 著／宮崎貴弘 著／山岡大基 著

JN039387

明治図書

▶▶ Preface　はじめに

　本書は，これまでに長年，多くの機会に一緒に活動してきた4人で，今後の授業づくりについての考えをまとめたものです。それぞれ広島，兵庫，埼玉という，お互い離れた所で教育にあたっていた者が，どのような経緯で出会い，一緒に活動するようになったのか。本書の内容とともに，その経緯をご紹介させていただきたいと思います。

●本書の内容について

　Chapter 1を担当する奥住桂先生（帝京大学教育学部）の特徴は，一般的には注目が当たってはいないが，見落としてはならない大事なポイントを「スキマ」としてコメントする力です。本書でもこの力を生かして，Chapter 1では，学習指導要領の「スキマ」について書かれています。ふだんの公的な研修では学べないけど大切な点を，ワクワクしながら学べると思います。

　私，上山晋平（福山市立福山中・高等学校）は，Chapter 2の担当です。これからは，教科書の内容を教えるだけではいけない，と言われますが，ではどうしたらよいのか。全教科の教師が一体になり，生徒が「持続可能な社会の創り手」（学習指導要領前文）に育つことを願って，探究的な学習も含めて，どう課題発見・解決力をつけていくのか，具体的に提案します。

　Chapter 3担当の宮崎貴弘先生（神戸市立葺合高等学校）は，授業づくりのポイントに切り込みます。「学習規律」や授業をどう「デザイン」し，テストをどうしているのか，その秘訣を具体的に明かしてくれます。

　Chapter 4の担当は山岡大基先生（広島大学附属中・高等学校）です。得意のライティングに加えて，スピーキングの活動アイデアを提供してくれます。ことばに向き合い，地道な学習を大切にするとはどういうことかがわかると思います。

●執筆者紹介にかえて

　私たちは導かれるように出会い，意気投合し，多くのプロジェクトで活動してきました。

　まずは，（本書での執筆はありませんが，一緒に活動してきた）福島の松本涼一先生。彼とは，谷口幸夫先生（東京）の主催する，英語教育・達人セミナーで出会いました。20年以上前からICTを駆使し，人の心理を大切にした力み感のない，生徒が「やりたくなる授業」を実践されていました。私は，松本先生を羨望のまなざしで見ていました。私の授業は勢いやノリの力技だったからです。松本先生の人柄の良さからも多くの人に慕われています。

　谷口先生によって松本先生と一緒に引き合わせていただいたのが，研究熱心な実践家の阿部雅也先生（新潟）です。このお二人ともが，中嶋洋一先生（関西外国語大学）の私塾に入塾されていると聞き，どのようなすごい塾なのかと思い，入塾させていただくことになりました（噂通りの，真剣で深い求道塾で，全国の熱心な先生方から深く学ばせていただきました）。

　その中嶋塾で出会ったのが，奥住桂先生です。今では大学の先生ですが，当時は中学校の先

生でした。多くの機会に考えを発表されており，アイデアの多さと幅広さ，そして，書かれる文章のスムーズさ（読者の知りたい情報が自然に次々にやってくる流れ），ICT の詳しさに驚きました。ICT のガシェットを購入する際に，奥住先生のブログからヒントをもらった人も多いかもしれません（「英語教育2.0」で検索してみてください）。

　そうして中嶋塾で学ばせていただく中で，「拡大塾」という大型の研修会で出会ったのが，宮崎貴弘先生です。彼のプレゼンテーションにはたまげました。10分ほどの短時間だったと思いますが，授業がうまいとは，こういう人のことを言うのだな，とはっきりと悟ったのです。プレゼンスライドの構成や内容，フォントまで，すべてに意味をもたせていて，しかも参加者心理が計算し尽くされた内容で，かつ，参加者の気持ちが揺れ動く，心に残る発表だったのです。宮崎先生の発表は，我々共通の師匠でもある中嶋洋一先生を彷彿とさせるものです（中嶋洋一先生の講演は，対面でもオンラインでも一度ご参加をおすすめします。内容だけでなく，プレゼン方法まで含めて，大変多くの学びと衝撃を得られるはずです）。

　山岡先生は，滋賀県から広島県に転勤されたときに，上山と意気投合し，一緒に研修会を立ち上げました（BEK「備後英語授業研修会」）。ライティング指導で知られていて，大学生・一般向けの語学書を単著で出されたこともあります。論理的な文章には定評があり，噂によると，ALT に英語ライティングの指導をされたこともあるとか（笑）。現場の教員でありつつ，大学で教員養成にも携わっていらっしゃいます。

　私たちは，このような形で出会い，その後，英語教育誌で3年間，連載を担当させていただきました（途中から会田裕子先生と出井幸恵先生の力強いメンバーにも加わっていただきました）。この3年間の楽しい連載が終わった後も，メンバー間の交流は続きました。ちょうど本書執筆の前年度，ジャパンライム社の吉井健さんのご厚意で，オンライン英語教育講座を担当させていただきました。このときも，大修館の英語教育の連載のように（大修館の理解も得て），1つのテーマに対して各自がそれぞれ異なる自説を発表するスタイルを取りました。

　本書は，こうした活動や特徴が形になったものです。本書の特徴もここにあります。つまり，誰かすごい達人のような人の意見が「唯一の正解」という画一的なものではなく，それぞれが「ミドルリーダー」として，注目する視点や生徒の違いにより，多様な考え方がある。そして，それらの多様な考え方を理解し合うことで，互いの強みや弱みの強化にもつながるということです。本書をお読みいただくと，1つのことにも多様な見方があると気づかれるはずです。

　唯一の正解がない，と言われる教育においても，きっと解決策やヒントは多くあるはずです。我々は，本書で現在の精いっぱいをぶつけたつもりです。この中の誰かの一言でも，読者の方の教育に対する見方・考え方を形づくったり，背中を後押しできたりするきっかけになれたら幸いです。

2022年9月

上山晋平

▶▶ Contents もくじ

はじめに

Chapter 3

学習規律・授業デザイン・テストづくりアイデア

Chapter 4

教材研究・ライティング＆スピーキングの活動アイデア

参考文献

Chapter 1

「学習指導要領のスキマ」を埋める授業づくりの考え方&アイデア

Profile 1

奥住　桂（帝京大学教育学部）

　学生時代は「人を振り向かせたい」と広告マンを目指すも，気がついたら公立中学校の英語教師になっていた。でもこの世界でもあの手この手を使って「人を振り向かせ」ていることに気づく。

　「一斉授業で習熟度別学習」「文字によるコミュニケーション活動」「意味順指導」などに関心をもち，取り組んだ指導実践を地域の教員サークルやウェブサイトで共有。

　2019年より現職。英語力と指導力，そして英語授業をデザインする力をもった英語教師を育てるため，英語科指導法などの授業を中心に大学で教員養成にあたっている。

　2020年より京都大学大学院人間・環境学研究科博士後期課程に在学中。現在の主な研究テーマは「教育英文法の深化に向けた名詞句習得研究」。研究と平行して，名詞句を効果的に学習できる教材や指導法の開発にも取り組んでいる。

座右の銘
山椒は小粒でもぴりりと辛い

00 授業づくりの極意「学習指導要領のスキマお埋めします」

CS

1 学習指導要領にはスキマが存在する

　2020年から小中高と順次施行されている学習指導要領は，これまでに比べて大きな改訂となりました。そのためか，「関連する資料を読んでもよくわからない！」という声も耳にします。学習指導要領は多方面に配慮しながら作成されるので，どうしても法律文書のように具体性を欠きます。その中で，他教科との整合性を求めようとすると，様々な「歪み」や「スキマ」が生まれてしまいます。

　私は本章で，現行の学習指導要領（以下，特に断りがない場合は「中学校学習指導要領」とする）に存在する様々なスキマを列挙しています。でもそれはお上のアラ探しをしているわけではなく，「自分のやっていることが学習指導要領の中でうまく位置づけられない！」「私は時代と逆行してるのかな？」と悩む先生方に，「まずは自分のやりたいことを形にしてみましょう」「今のままで大丈夫ですよ！」と背中を押したいのです。先生方のやりたいことが，たまたま学習指導要領のスキマにスポッとハマってしまっているだけかもしれないですから。

2 これからの英語授業をつくるのは先生方

　時々現場の先生方から「これからの英語授業はどうなっていくのですか？」という質問をお受けすることがあります。しかし，私こそ「これからの英語授業をどうしていきたいですか？」と先生方にお尋ねしたい気持ちです。だって，英語の授業は「現場」でしか生まれないものだからです。

　私は公立中学校で約20年間生徒たちと一緒に英語授業をつくってきましたが，現在は大学で学生たちに英語科指導法を指導しています。でも，英語の授業に関して言えば，今の私にできるのはせいぜい「模擬」授業であって，「本物の」授業は教育実習先で，そして教師として着任した先で，学生（未来の先生方）がその生徒たちとつくり上げていくものです。だから，どんなに忙しくても，先生方に明日の授業だけでなく，未来の日本の英語授業を思い描いていただきたい，と思っています。本書がそんなみなさんの未来の英語授業の創造（想像）を少しでもお助けできればと願っています。

3 本章で伝えたいいくつかのスキマ

　さて，本章では現行の学習指導要領に潜む13個のスキマについて書きました。書き終わってから改めて読んでみると，それらのスキマは大きく３つの場所に散らばっていることに気づきました。

　１つ目は学習指導要領の「目標」です。今回の改訂ではこれまでより「目標」が細分化されました。それぞれの領域でア・イ・ウという３段階の目標が設定されましたが，その難易度の幅は均等でしょうか。また繰り返し登場する言葉，今回の改訂で消えた言葉はどんなものでしょうか？　01・02・03の記事で「目標」の捉え方を整理しました。

　２つ目は，学習指導要領が示している指導するべき「内容」についてです。今回は「話すこと」が［やり取り］と［発表］の２つに分かれ，いわゆる「４技能」が「５領域」になりました。でも，一つひとつの技能（領域）をよく見てみると，その定義があいまいだったり，どこにも含まれない活動が存在したりします。いきなり自律的に話したり書いたりできるようになるわけではないので，特に「話すこと」に関してはその手前に位置する活動について04・05・06で紹介しています。また，「書くこと」については学習指導要領でまったく触れられていない（でも大切な）活動を07で取り上げました。

　３つ目は「評価」に関わるものです。こちらも今回の改訂で４観点から３観点に変更されましたので，まだまだ新しい評価規準にお悩みの方も多いかと思います。これまでに比べて高いレベルの活動を生徒に求めていますので，その手前で躓いてしまう恐れのある生徒も教室にはたくさんいると思います。学習指導要領に「書かれていること」ができるようになるためには，「書かれていないこと」もしっかり取り組む必要があります。そんな見えない評価のスキマを08〜13の６項目にわたって論じてみました。

　日頃私は教師を目指す学生たちに，「10年に１回変わっちゃうものを一生懸命暗記するより，その先40年くらい使うことになる自分の頭を鍛えなさい」という話をしています。教師が自分の頭で思考して，判断して，表現できる場が授業です。学習指導要領は今後もさらなる改訂が続いていくと思いますが，教師の〔思考・判断・表現〕や〔主体性〕が発揮されるようなものになっていってほしいと願っています。

　実は，教師が主体的に学習指導要領のスキマを見つけようとすることは，新たな学習活動を思いつくヒントにもなります。学習指導要領を，そして教師の指示で生徒が実際にやっている学習活動を，一度俯瞰することで，それぞれの活動の意味合いを適切に言語化することができるようになります。そんな教師の「思考法」の１つとして，「スキマ探し」を活用してみませんか。本書が，「これからの英語授業」をつくっていく先生方の毎日を少しでも後押しできたらと願っています。

01 目標アとウのあいだ（ただしイではない）

#目標　#書くこと

1 目標のレベル差を考える

　2017年告示の中学校学習指導要領では，目標が5つの領域（読むこと・聞くこと・話すこと［やり取り］・話すこと［発表］・書くこと）について，下表のようにそれぞれア・イ・ウの3つの段階で設定されています。

	ア	イ	ウ
聞くこと	はっきりと話されれば，日常的な話題について，必要な情報を聞き取ることができるようにする。	はっきりと話されれば，日常的な話題について，話の概要を捉えることができるようにする。	はっきりと話されれば，社会的な話題について，短い説明の要点を捉えることができるようにする。
読むこと	日常的な話題について，簡単な語句や文で書かれたものから必要な情報を読み取ることができるようにする。	日常的な話題について，簡単な語句や文で書かれた短い文章の概要を捉えることができるようにする。	社会的な話題について，簡単な語句や文で書かれた短い文章の要点を捉えることができるようにする。
話すこと［やり取り］	関心のある事柄について，簡単な語句や文を用いて即興で伝え合うことができるようにする。	日常的な話題について，事実や自分の考え，気持ちなどを整理し，簡単な語句や文を用いて伝えたり，相手からの質問に答えたりすることができるようにする。	社会的な話題に関して聞いたり読んだりしたことについて，考えたことや感じたこと，その理由などを，簡単な語句や文を用いて述べ合うことができるようにする。
話すこと［発表］	関心のある事柄について，簡単な語句や文を用いて即興で話すことができるようにする。	日常的な話題について，事実や自分の考え，気持ちなどを整理し，簡単な語句や文を用いてまとまりのある内容を話すことができるようにする。	社会的な話題に関して聞いたり読んだりしたことについて，考えたことや感じたこと，その理由などを，簡単な語句や文を用いて話すことができるようにする。
書くこと	関心のある事柄について，簡単な語句や文を用いて正確に書くことができるようにする。	日常的な話題について，事実や自分の考え，気持ちなどを整理し，簡単な語句や文を用いてまとまりのある文章を書くことができるようにする。	社会的な話題に関して聞いたり読んだりしたことについて，考えたことや感じたこと，その理由などを，簡単な語句や文を用いて書くことができるようにする。

　「目標」の文言は大きく分けて，①どんな話題について，②どんなふうにして，③何をすることができるか，という3つに分かれています。でもこの目標，よく見ると，ア・イ・ウのレベル差が大きすぎるのではないかと思うのです。

　「話すこと」を例にして考えみると，①「どんな話題について」については，アは「関心のある事柄」だったのに対し，ウは「社会的な話

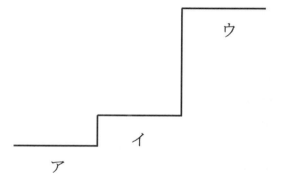

題」とレベルが上がっています。それなのに，その後の②「どんなふうにして」でも，アでは特に指定がないにもかかわらず，ウでは「聞いたり読んだり」といった技能統合が求められているのです。これではウでは，難しい話題について難しいことをしなければならないわけで，ア→イ→ウと進むにしたがってレベルが急激にジャンプアップしてしまい，生徒の負担が大きくなりすぎます。

2　組み合わせを変えて，難易度を「調節」する

　生徒が取り組みやすく，力を発揮しやすい活動やテストにするためには，学習指導要領が掲げる目標をそのまま使うのではなく，目の前の生徒に合わせて教師が「調整」することが大事です。例えば，「日常的な話題について，聞いたり読んだりしたことについて，しっかり準備をしてから書く」みたいな活動だって，あっていいはずです。少なくともいきなり「即興で書く」活動ばかり取り組まずに，その前段階にそういう練習を設定することがあってもいいと思います。

　他には，以下のような「調整」の例が考えられます。

話すこと［やり取り］	話すこと［発表］	書くこと
社会的な話題に関して，簡単な語句や文を用いて**即興で**伝え合う。	日常的な話題について，<u>聞いたり読んだりしたことについて簡単な語句や文を用いて</u>話す。	関心のある事柄について，まとまりのある文章を書く。
即興ペアチャットで「成人年齢の引き下げ」などの社会的な話題を扱う（「聞いたり読んだり」しないですぐに話す活動に取り組む）。	今日の給食のメニューについての英文を読んで，自分の考えを英語で話す（読む→話すという統合的な活動にするので，話題は簡単なものにする）。	自分の「推し」を紹介する英文を書く（長めの文章を書かせるので，話題は各自が一番関心のあるものにする）。

　段差の小さい階段を用意してあげれば，生徒は自分の力で登ろうとするものです。教科書や学習指導要領の課題がちょっと難しそうと感じたら，教師が上手にはしごをかけてあげられるといいですね。そのためには，設定された「目標」を鵜呑みにせずに，生徒にどんな負荷がかかっているか見極める先生方の目が大切です。

> **Tips!!**
> 　目標のア・イ・ウに縛られすぎず，生徒の実態を見ながら，教師がタスクの難易度を左右する要素をうまく調節して活動を設定しましょう。

02 「自分の気持ち」ではないもの

#目標　#書くこと　#自己表現

1 「自分ごと」の呪縛から抜け出そう

　　学習指導要領を読むたびに，何かを表現させる際に「自分の考えや気持ちなど」にこだわりすぎではないだろうか，と感じています。もちろん「自分ごと」を表現できるようになることは外国語学習の目標の（大きな）1つだとは思いますが，それがすべてではないはずです。そもそも「自分ごと」を語れるようになるための手段は「自分ごとを語ること」だけなのでしょうか。今回の学習指導要領も「自分ごと」推しなので，先生方にはちょっと立ち止まって，「じゃないほう」の可能性も考えてみていただきたいです。

　　語彙習得の面でも，いつも自分に関わる語彙ばかり使っていたら幅が広がりません。野球好きな生徒はいつも baseball ばかり使うからです。それが judo という語を使わなければならないとすれば，動詞も play 以外を使う必要が出てくるので，語彙の幅が広がります。

　　「先生，ぼく陸上部なんで綴りがいつも大変なんですよ。テニス部とか簡単でズルくないですか？」なんて冗談を言う生徒もいますが，公平性ということを考えたら決して冗談ではない話で，テスト等で「自分ごと」を書かせることには注意が必要です。

　　こういった「自分ごと」を語らせることを「自己表現」と呼びますが，本来「自己表現」というのは，「何を表現するか」だけでなく「どう表現するか」というところにもその人らしさがあっていいはずです。自分を広げるために，自分以外のものと向き合う。英語の時間は，そんな機会になればいいと願っています。似たような文脈で「疑似を楽しむ」ということを，Chapter 4 で山岡先生も書いていますのでぜひそちらもお読みください。

2 架空を楽しむポケモン・ライティング

　　私が中学1年の1学期に書かせていた「自己紹介」は，架空のモンスターを紹介する活動です。小規模校に勤めていたため，新入生が全員同じ小学校から入学してくることが多く，今さら「英文を通して相手を知る」といった目的が薄くなってしまいがちだったからです。

　　具体的な指導の流れは以下の通りです。

①教師が作成した架空のモンスター紹介の英文を配付し，読ませる。生徒は，英文を読んだ上でそのモンスターをペットとして要るかいらないか，保留かを判断し，ワークシートに記入

する。

② 生徒は１人ずつ異なるモンスターが描かれたワークシート（図）を受け取り，そのモンスターのプロファイルを自由に決めて，紹介する英文を書く。なお，ワークシートは匿名とする。

③ ワークシートを集めて（途中実態に合わせて添削等をした上で），ランダムに再配付する。その際，教師が作成したものも複数枚混ぜる。

④ 生徒は配られた英文を読んで，①と同様にそのモンスターが欲しいか判定し，理由などのコメントを書く。

⑤ コメントを書き終わった生徒はそのワークシートを教卓に戻し，別のワークシートをもち帰って自席で読む（④の繰り返し）。なお，自分でもどの英文を読んだかを覚えておくために，記録用紙にモンスター名と印象をメモしておく。

⑥ 一定時間（20分程度）読んだら，各自がその時間に読んだ中で一番欲しいと思うモンスターを１匹選ぶ。紹介文が書かれたワークシートは，「○○○○の紹介文を書いた人は？」とモンスター名を言いながら返却し，ここまで匿名にしてきた書き手を共有する。

　こうして自分が書いたモンスター紹介のワークシートが返却されると，生徒は仲間からのコメントを読みふけります。リアルな「自分ごと」が他人から評価されると不安になりますが，ここで扱っているのはあくまで架空のモンスターですので，評価されているのは書き手の人格等ではなく「書いた内容」や「書きぶり（英語力）」のほうなわけです。

　ワークシートで使用しているモンスターのイラストはアヴァー・ライチさん他が作成・運営する「オリポケ創造同好会」のウェブサイトからお借りしています。当時，メールでご連絡をして使用許可をいただきました。それぞれに違うモンスターのイラストが配られる，ということも表現しようという意欲づけにつながっていると思うので，このような素敵な素材をお借りできたことも大変ありがたく思っています。

> **Tips!!**
>
> 　架空だからこそ書ける話題もあります。コミュニケーションでは「何を書くか」も大事ですが，教室でこだわりたいのは「どう書くか」ですね。

03 「正しく読む」はどこへ消えた？

#目標　#読むこと　#正確さ

1　「概要」と「要点」

　「聞くこと」「読むこと」の「目標」には，「概要」や「要点」という語が度々登場します。この「概要」と「要点」とは何を指しているのでしょうか？

　学習指導要領解説では，「概要」は<u>「登場人物の行動や心情の変化，全体のあらすじなど，書き手が述べていることの大まかな内容」</u>（「読むこと」イ）とされています。細かい情報はいいから，これが物語なのかメールなのかクレームの電話なのかお礼の電話なのかがざっくり理解できればよい，ということです。特に「読むこと」では，「心情の変化」「あらすじ」といった語も出てくるので，純粋な聞き取りの能力だけでなく，要約的な表現スキルが求められています。

　一方で「要点」については<u>「話し手が伝えようとする最も重要なこと」</u>（「聞くこと」ウ）となっています。こちらは聞くにしても読むにしても説明文のような素材を想定していて，話題が何で，表現者の一番言いたいことは何か，というポイントを抽出するスキルを求めています。これも国語の読解テストのようなスキルですね。

　「概要」は全体的なこと，「要点」は重要な一点，という棲み分けです。しかもイは「日常的な話題」が，ウは「社会的な話題」が紐づけられているので，自然とウがレベルの高い目標になっている感じがします。

2　「正確に読む」ことは求められていない

　ところで，「概要」と「要点」という語は，これまでの学習指導要領でも言語活動の項に登場していますので，特段目新しい言葉というわけではありません。ただ今回は「思考・判断・表現」というキーワードと組み合わさって，結構全面に出てきている感じもします。これまでは「聞くこと」にしても「読むこと」にしても，「正確さ」と「適切さ」という枠組みがあったので，この「ざっくり読む」スキルは「適切さ」の1つとしてこれまでも指導・評価されてきました。そういう観点で，新旧対照表を眺めていて，1つ気づいたことがあります。以下に，「読むこと」の中から同様の内容を書いた部分をそれぞれ抜き出します（太字は筆者による）。

新学習指導要領	旧学習指導要領
ウ　読むこと (ウ) 簡単な語句や文で書かれた日常的な話題に関する短い説明やエッセイ，物語などを読んで概要を把握する活動。	ウ　読むこと (ウ) 物語のあらすじや説明文の大切な部分などを**正確に読み取る**こと。

学習指導要領　対照比較表「読むこと」（文部科学省）より

驚いたことに，現行版では，「読むこと」から「正確」の文言が消えています。いわゆる「訳読」のようにすべての文を一語一語確認するような授業は望ましくないと思いますが，じゃあ一文をしっかり理解する力はいつ身につければいいのでしょうか。「ざっくり聞く（読む）」をただ続けていれば「しっかり読む」はいつか身につくのでしょうか。

多聴や多読からルールが自然に身についていくのは理想的ですが，公立中学校の週4回の授業でどれだけのことができるかを考えると大変悩ましいです。そのような指導法では，授業数や授業外のリソースの多い私立中学校の生徒と差がついてしまわないかも心配です。学習指導要領は，総則で指定している授業時数の中でしっかりとその力が身につくような目標や内容を提示すべきだと思います。

3　「正確に読む」が求められる目的の設定を

学習指導要領全体を見ても，「正確さ」は影が薄くなっていますが，実は〔思考・判断・表現〕という観点は「正確さ」を前提に成り立つものなはずです。例えば，「話すこと」では，仲間内で話しているなら多少ミスがあってもそこまで気にしなくてよいですが，「就職活動の面接」のような場面設定であったら，できるだけ正確な英文で話せることが自然に求められると思います。同様に，「正確に読む」ことが求められる場面であれば，生徒は勝手に細かいところまでチェックして，英文の意味を確認しようとするのではないでしょうか。例えば「お客様からのクレームのメールを読む」という場面であれば，「ざっくり読む」だけでは適切な謝罪メールが書けませんので，より細部まで確認しようと努めるはずです。

> **Tips!!**
>
> 「正確に読む」は表立って求められていませんが，世の中にはそれが必要な「場面」は存在します。そんな「場面」を利用して指導しましょう。

04 「読むこと」と「話すこと」のあいだ

#読むこと　#話すこと［やり取り・発表］　#音読

1　「音読」の学習指導要領における位置づけ

　「音読」は，学校での英語授業において広く取り入れられている学習活動でありながら，実は歴代の学習指導要領の中で明確な位置づけがされてきませんでした。現行の「目標」を見ても，どこにも「書かれた英文を音読できる」という項目は登場しません。新旧どちらの学習指導要領においても，「言語活動」の「読むこと」の項で一文ずつさらりと言及されているだけです（旧の（ア）は「音読」という文字はないものの，まさに「音読」のことかとは思いますが）。

新学習指導要領	旧学習指導要領
ウ　読むこと （ア）書かれた内容や文章の構成を考えながら黙読したり，その内容を表現するよう音読したりする活動。 （イ）日常的な話題について，簡単な表現が用いられている広告やパンフレット，予定表，手紙，電子メール，短い文章などから，自分が必要とする情報を読み取る活動。	ウ　読むこと 　主として次の事項について指導する。 （ア）文字や符号を識別し，正しく読むこと。 （イ）書かれた内容を考えながら黙読したり，その内容が表現されるように音読すること。 （ウ）物語のあらすじや説明文の大切な部分などを正確に読み取ること。

学習指導要領新旧対照表（抜粋：下線は筆者による）より

　ともに英文の内容を理解した上でそれを伝達する手段として音読することが期待されていて，かなりレベルが高めです。確かに「どう読むか」を決めるためには英文がどんな内容なのか書き手の意図を考えることが求められるので，「音読」は単純な「知識・技能」のレベルを超えて，「思考・判断・表現」の領域でも様々な活用法がある学習活動だと思います。

　しかし，自分の実践を振り返っても，多くの場合まずはもっと手前の段階として，「生徒が自力で英文が音声化できる」というレベルを目指すために音読指導が活用されていると思います。「どう読むか」の前に，「正しく読めるか」で苦労している生徒も多いからです。しかし新しい検定教科書には二次元コードがついていて，GIGAスクール構想で配備されたタブレットなどの端末と組み合わせることで，生徒はいつでも英語の音声に触れることができるようにな

ったことは革命的な変化で，生徒の音読の力はこれまで以上に高まっていく期待があります。

2 「音読できる」はいつか「話せる」になるのか？

　学習指導要領では上記のように「音読」は「読むこと」に分類されていますが，本当に「読むこと」でいいのか，それとも「話すこと」の下位技能なのではないか，と私自身も悩みながら実践してきました。音読をしっかりできるようにすることが，いつか「話すこと」に還元されるのではないか，と期待していたからです。

　しかし，これまでの生徒の発達段階を観察していて，私は，この「読むこと」と「話すこと」のあいだに「言うこと」という「はしご」が必要なのではないか，と考えるようになりました。「読むこと」とは違うので文字は見ないで「言う」，また「話すこと」とも違うのである程度セリフは決まっていていいので，意味を考えながら場面に合った文を，適切な順番で「言う」練習です。

　より実践的な文脈では，**06**で紹介するリテリング（リプロダクション）といった活動がまさに「言う」に当たると思います。教科書の音読練習が生きるという意味でも，ぜひセットで取り組みたい活動です。このように，せっかく読む練習をした英文を，実際に（模擬的であっても）意味伝達のために使う活動が後ろに設定されていることが，音読に取り組む上でのポイントだと思います。

　また，**10**で紹介している「インタビュー活動」も，代表的な「言うこと」の活動と言えます。あらかじめ質問をリストアップしておいて，話の流れに合わせてリストから適切な質問を選んで質問する，という流れは，本当にインタビュアーがやっている作業であり，「言うこと」が「話すこと」の代替として機能している事例でもあります（実際に人前で「話すこと」の場面の多くは意外と「言うこと」なのかもしれません）。

　このように学習指導要領における「音読」の位置づけは本当に中途半端で，まさに「学習指導要領のスキマ」にある学習活動なのだと思います。しかし，他の活動への橋渡しにもなる大切な学習活動なので，継続的にしっかり指導していきたいですね。

　Tips!!

　書かれているものを「読むこと」をいつか自律的に「話すこと」につなげていくために，「言うこと」の活動を大切にしましょう。

05 「準備したもの」を「やり取り」する

#話すこと［やり取り・発表］

1 「話すこと」の指導にあるスキマ

　今回の学習指導要領では「話すこと」の指導が［やり取り］と［発表］という2つに分かれましたが、これはそれぞれ「2人以上で即興で話す［やり取り］」と「1人で準備したものを言う［発表］」という活動が想定されているのだと思います。これはこれまでの「話すこと」の指導が、スピーチなどのように準備したものを読み上げる（暗唱する）だけの［発表］の活動に偏りがちだったという課題に対応したもので、その意味でも今回の改訂では即興性が求められる［やり取り］のほうに注目が集まっているようです。

　「話すこと」を活動の単位と即興性の有無で分類すると、右の表のように整理することができます。そして思い浮かぶのは、表の中の空白地帯（スキマ）には何があるのか、という疑問です。「1人で即興的に話す活動(A)」や「2人以上で準備して話す活動(B)」だって存在するはずです。実際、これまでも多くの方が取り組んできた活動が、この表でいう(A)と(B)に位置づけられると思います。

	impromptu （即興）	prepared （準備あり）
1人	(A)	発表
2人 以上	やり取り	(B)

2 「2人以上」で「準備あり」な活動

　表の(B)に位置する「2人以上」で行う「準備あり」な話す活動を具体的に考えてみましょう。「準備あり」ということなので、あらかじめ台本のようなものが存在する活動は、だいたいここに分類されると思います。

　複数の人にセリフや役割が与えられている活動となると、いわゆる「スキット」「英語劇」があります。教科書などの会話文を素材として、音読の先の活動として取り入れてきた方も多いのではないでしょうか。より発展的に「即興」の要素を加えた活動としては「ロールプレイ」もあります。

　そして、ちょっと変わったところでは、「群読」という活動もあります。国語科の指導など

ではよく行われていると思いますが，与えられた英文を，グループで分担しながら音読する活動です。これは必ずしも役ごとにセリフを分担するわけではなく，場合によっては1つの文をいくつかに区切って，複数人の声を重ねて読んだりすることもあります。声を重ねるためには，読み方などを相談して決める必要があり，なぜそこを強く読むのかなど，読解の質も求められることになる活動です。以下に簡単に指導の流れを紹介します。

スキット・英語劇	ロールプレイ	群読
①主旨説明 ②意味や音調の確認 ③グループ分け・配役決定 ④グループで練習 ⑤発表順の決定・相互評価用紙配付 ⑥発表 ⑦感想記入・講評	①ロールプレイ・カードを配付 ②自分の役柄や状況を確認する ③一人ずつ別室に入って面接官と会話をする 設定の例 ・入国審査の係官と旅行客 ・レストランの店員と客など	①グループを決める ②素材の英文の内容を確認する ③強く読む文（フレーズ・語）などを話し合って決める ④音読練習をする ⑤区切る場所や分担を決める ⑥グループで朗読練習をする ⑦発表 ⑧感想記入・講評

「スキット」「ロールプレイ」「群読」の指導手順（金谷他編（2009）を参考に著者が編集）

3　「準備あり」を「即興」につなぐために

　これらはまさに04で紹介した「言う」練習です。ですので，まずはお手本通りに「読む」活動にしっかり取り組むことが前提です。楽器を練習し始めたとき，いきなりオリジナルの曲をつくって弾いたりはせずに，すでにある好きな曲を「コピー」しながら，基本的な演奏の方法を身につけたりするのと似ていますね。ただ，いつまでもただのコピーでは「話す」につながっていかないので，段階的に「即興」を加えていくために，「ロールプレイ」のような「準備したもの」と「即興」の両方が求められる活動が重要になっていきます。

> **Tips!!**
> 　スキットや群読はこれまでにも多くの教師が取り組んできた伝統的な指導法ですが，新しい学習指導要領になった今でも，言語習得のために役立つ要素が含まれています。

06 リテリングのその先に

#話すこと［発表］　#リテリング　#リプロダクション

1 「リテリング」と「リプロダクション」

　教科書本文を使ったリテリング（retelling）を取り入れている方もたくさんいらっしゃると思います。教科書本文をただ音読するだけでなく、キーワードや場面絵などを頼りにその内容を自分の言葉で再生する活動で、「リプロダクション」とも呼ばれます。2つを区別せずに使う人もいますが、厳密に言えば2つは質の異なる活動で、佐々木（2020）では、リテリング（retelling）を「本文の言語形式を自分の言葉に言い換えたもの」、リプロダクション（reproduction）を「本文と同じ、あるいはほぼ同じ言語形式で再生されたもの」とそれぞれ定義しています。

　05で紹介した「話すこと」の分類でいうと、リテリングは「人数」に関しては「1人で」行うことが多いですが、「即興性」については「準備あり」と「即興」のあいだくらいに位置する活動だと思います。決められた台本を一字一句違わずに再生するとなると「暗唱」活動になりますが、リテリングはもう少し話し手に自由度があり、産出される英語も人によって異なります。

2 リテリングのその先に

　教科書本文を使ったリテリングは、授業内で行った読解や音読などの活動とのつながりももたせやすく、生徒もできた際の達成感が大きいので、英語学習に非常に有効な活動だと思いますが、これがゴールになってしまうとちょっともったいない気もします。

　ポイントは「なぜ人に伝えるのか？」という目的です。教科書の内容を再生するとなると、当然ながら聞き手も同じ教科書をもっているわけで、その内容をすでに知っている相手に対して話をすることになります。これだと、最後まで説明ができたとしても「自分の英語が伝わった！」という喜びを味わうことはできません。

　ではどんな工夫をすれば、そのような感動を味わえるようになるでしょうか。1つ目は「教科書の別のレッスンを紹介し合う」という活動です。新しい中学校の教科書は内容や語彙が増加し、これまでのようにすべてのレッスンを同じように指導していたら、時間内に終わらせることはできません。2年生以降だと少し長めの説明文や物語文などが登場するので、そういっ

たレッスンを思い切って「リテリング用」に使ってしまうという方法もあります。クラスを半分に分け，Ａチームは世界遺産を，Ｂチームは偉人を紹介するレッスンを担当し，チームごとに集まって内容理解や音読練習を行い，後日Ａチームとβチームの人でペアを組んで，お互いに自分が学習したレッスンをリテリングし合う，という流れです。これだと，相手はそのレッスンを読んでいないので，自分の英語による説明を通して相手に内容を知ってもらう，という目的が生まれます。

もう１つの方法は，小学生や後輩を対象にリテリングをする形です。実際に小学校を訪問して実演するのもよいのですが，例えば動画に撮っておけば，翌年の生徒たちに見せることもできますし，小学校で上映してもらうこともできます。しかも，録画をすると，よい出来になるまで何度も繰り返し撮影をする姿も見られますので，教育的な効果も高いです。

3 どんな英語を話させたいのか

リテリングは，教室の中で活発に英語が飛び交っているように見えるので，教師の側も充実感を感じやすい活動ですが，生徒がどんな英語を話しているかに注目することが重要です。必要に応じてフィードバックをすることも大事ですが，生徒にどんな英語を話させたいかを教師の側がきちんと目標を設定し，生徒に伝えることがもっと大事です。リテリングでは内容を伝えることが優先されるので地名や人名などの固有名詞や出来事を伝えるための一般動詞などの「内容語」に（生徒も教師も）注目しがちですが，このような練習を通して身につけさせたいのは，実は be 動詞や前置詞など英文の骨組みを支える地味な「機能語」のほうだと思っています。しかも，それらは何年生であっても，どの単元・レッスンであっても共通して登場する語彙なので，繰り返し練習・指導していきたいですね。

> **Tips!!**
>
> リテリングは「準備あり」と「即興」のあいだをつなぎます。自律的に「話す」練習だけでなく，モデルとなる英文を「言う」練習も大切に。

07 「書くこと［やり取り］」はないの？

#書くこと［やり取り］

1 CEFR は 6 領域だった！

新学習指導要領で登場した「話すこと［やり取り］」と「話すこと［発表］」ですが，疑問に思うのは，「話すこと」だけでなく「書くこと」についても同様に［やり取り］が可能なのではないか，ということです。実際，文部科学省が新しい 5 領域を設定する際に参考にしたという CEFR（Common European Framework of Reference for Languages: Learning, teaching, assessment. 外国語の学習・教授・評価のためのヨーロッパ言語共通参照枠）では Reception, Interaction, Production の 3 つの大枠があり，それらがすべて Spoken と Written に分けられているので，いわば「6 領域」となっています。

Interaction Written

OVERALL WRITTEN INTERACTION

C2	*No descriptor available*
C1	*Can express him/herself with clarity and precision, relating to the addressee flexibly and effectively.*
B2	*Can express news and views effectively in writing, and relate to those of others.*
B1	*Can convey information and ideas on abstract as well as concrete topics, check information and ask about or explain problems with reasonable precision.*
	Can write personal letters and notes asking for or conveying simple information of immediate relevance, getting across the point he/she feels to be important
A2	*Can write short, simple formulaic notes relating to matters in areas of immediate need.*
A1	*Can ask for or pass on personal details in written form*

CEFR における「書くこと［やり取り］」の CanDo リスト（Council of Europe, 2001）

2 「書くこと［やり取り］」の指導例

CEFR で Interaction Written（書くこと［やり取り］）の言語活動例として挙げられているのは Correspondence（文通）です。今の時代であれば，LINE や Twitter のような SNS がまさに「書くこと［やり取り］」のリアルな場面と言え，英語使用という観点で考えても，生徒にとって，対面で外国人と話をする以上に，リアルな「近い将来英語を使うかもしれない場面」と言えると思います。

そんな Twitter のようなやり取りを教室の中で，紙と鉛筆を使って実現した「文字によるコミュニケーション活動」である COSMOS をご紹介します。

①生徒に１枚ずつ小さな紙を配付し，好きなことを英語で書かせる。

②英文が書かれた紙を回収し，Word などにベタ打ちする。

③書いた人の名前は載せずに，クラスを超えてランダムに配置し，通し番号だけつける。文法や語彙の誤りは修正して載せる。

④みんなの「書き込み」が集まったものを配付し，生徒に読ませる。

⑤後日の授業で再度小さな紙を配付し，好きなことを英語で書かせる（以下繰り返し）。

COSMOS [Vol. 6] Edited by Rob

Class:　　　　Name:

1. I like my best friends, dancing, and Ryosuke Yamada.　They are my important things.　Because they are mine.　LOVE! ❤
2. I'm not sleepy now.　Because there are many teachers around me.
3. I am a genius!　Santa Claus will come soon.　I want a new cell-phone. ☆
4. Shun: Who is your favorite teacher?
   Aki:　I like Mr. Okuzumi.
   Shun: Why?
   Aki:　Because he is gentle and kind.
   Shun: Are you kidding?　He is too strict.　I'm afraid of him.
5. To No. 17: You are a mystery!　To No. 35:　Thank you.　I think so too.　Mirumo is very very very cute, considerate, and funny.　I love Mirumo!!
6. I'm tired.　Because I went to the World Cup Volleyball tournament.
7. I want Yui Aragaki's album "Sora" and Keisuke Kuwata's new single "Dandy".　But, I don't have money... So I have to ask my family for help to get the money.
8. I want to be an eraser.
9. I can't study for the term end examination.　Because, I wanted to sleep and I'm

　２回目以降は誰かへの返信でもよく，その際は To No.9 と番号を書かせます。番号は固定ではなく，毎回異なるようにします。なお，活動を始める前には，人を傷つけるようなことを書かないこと，書いた人を詮索するようなことをしないことを指導します。

　友達の書いた英文は内容が気になるので，主体的に読解に取り組む姿が見られます。そのうち英語が得意な生徒が「51番面白い！」などと叫んで勝手に「キュレーション」してくれるので，クラス全体で面白い投稿を共有することができます（苦手な生徒もそれを頼りにみんなと同じ英文を読もうと努力してくれます）。また難しい語彙や表現に注釈をつけておけば，生徒が次回英文を書く際，あるいは別の課題で英文を書く際の有効なリソースにもなるでしょう。

　匿名で書かせることもポイントで，それにより日頃の人間関係を超えて英語による［やり取り］が発生します。みんなが「面白い！」と言った51番の英文を，実は普段あまり話したことがなかった自分の隣の席の人が書いていた，なんてこともあるかもしれません。

　「文字によるコミュニケーション」では，読み手も書き手もそれぞれに習熟度に応じて時間をかけたり辞書を使ったりできるので，教室内の習熟度を超えてやり取りすることができます。生徒の習熟度の差が大きくて授業がやりにくいと感じている方は，ぜひライティングをうまく活用してみてください。生徒の新たな一面を発見できる機会にもなると思います。

Tips!!
　文字によるコミュニケーションは習熟度や人間関係の壁を越える，魅力的な言語活動です。

08 「言語活動」の手前にある名前のない活動

#言語活動　#音読　#話すこと［やり取り］

1 「言語活動」その前に……

　学習指導要領では「言語活動」という言葉を「知識及び技能を活用し，思考力，判断力，表現力等を育成するために取り組ませるもの」と定義しています。しかし，それでは，その「知識及び技能」を身につけさせるために必要な地道な，例えば音読や単語練習のような学習活動は，いったい何と呼べばいいのでしょうか。

思考・判断・表現

言語活動

「知識及び技能を活用し，思考力，判断力，表現力等を育成するために取り組ませるもの」

知識・技能

?

　当たり前ですが，そのような「名もなき基礎練習」は今後も継続すべきです。これまでの課題は，部活動に喩えれば「基礎練習ばかりで練習試合が足りなかった」ということです。だからといって，基礎練習を一切やらずに練習試合だけやる人はいないと思います。

　名前がないと不安ということでしたら，「言語学習」とでも呼べばよいのではないでしょうか。「言語練習」でもいいですね。ただし，これまでの課題をしっかり意識して，この「学習」や「練習」が，後の言語活動やコミュニケーションそのもののどこに効いてくるのかを，教師が生徒にしっかり伝えていきたいですよね。

2 Practice makes perfect.

　では，「言語学習（言語練習）」にはどんな活動があるでしょうか。いくつかご紹介します。

❶新出単語

　新出単語を示して，ただ「覚えてこい」「テストするぞ」と言うだけでは，「指導」したことになりません。そもそも，「単語を学習する」とは何をゴールとするのかから議論する必要はありますが，仮に「日本語を見て英語でその単語が正しく綴れるようにする」をゴールとするならば，「りんご（apple）」という語を例に考えると，①「りんご」という日本語を見て「エ

アポゥ」という英語が言える，②「エアポゥ」という英語を聞いて，apple と綴れる，という2段階が存在します。授業の中で，この2段階をそれぞれ分割して練習しておく必要があります（「りんご」という日本語を見て apple と綴れなかったとして，それはどの段階で躓いているのかがわからないからです）。

❷音読

"Repeat after me." ばかりを繰り返していても，生徒は英文を自力で読めるようにはなりません。教科書を開かずに窓の外を見ていても「リピート」は可能だからです。大切なのは文字と音を結びつけること。何度かリピートをしたら，生徒が自力で読んでみる時間をしっかり設定しましょう。今は二次元コードでタブレットなどから各自音声を確認することもできるので，全体である程度練習したら，個人で練習したり確認したりする時間になるといいですね。

❸クイック・レスポンス

右図のようなワークシートを配付し，全体で音読練習をした後，ペアに分かれて練習させます。生徒Aは左側の疑問文を読み，生徒Bはワークシートを見ずにすべての質問に Yes で答えます。30秒でいくつの質問に答えられるか，などスピードで追い込んで練習します。当然，主語が変わればhe や she など代名詞を変える必要が出てきますし，Do と Did を対比したワークシートでやれば，時制を考えながら答える練習になります。

QR☆クイック・レスポンス

Level 3 Do or Does

No.	英文	YES	NO			
1	Do you like soccer?	Yes, I do.	No, I don't.			
2	Does she like music?	Yes, she does.	No, she doesn't.			
3	Does he play baseball?	Yes, he does.	No, he doesn't.			
4	Do you have a car?	Yes, I do.	No, I don't.			
5	Does she eat natto?	Yes, she does.	No, she doesn't.			
6	Do you watch basketball on TV?	Yes, I do.	No, I don't.			
7	Do you live in Miyashiro?	Yes, I do.	No, I don't.			
8	Does Mr.Taguchi like soccer?	Yes, he does.	No, he doesn't.			
9	Do you like music?	Yes, I do.	No, I don't.			
10	Does Ms.Hall have a car?	Yes, she does.	No, she doesn't.			

このような練習を通して，「頭の中に英語の回路をつくる」と私はよく言っていました。もっと砕けて言えば「英語に慣れる（慣らす）」活動で，単純にある程度の量をこなさないとスムーズにできるようにはなりません。ただ，量が大事だからと同じ単語をノートに1頁書かせたり，意味も考えずに100回読ませたりみたいなものはそれこそ意味がないと思います。

「素振り」や「壁打ち」のような地味な練習なだけに，やっただけの成果を生徒が実感できないと，継続は難しいと思います。逆に，これがスムーズにできるようになったことで，その後のコミュニカティブな活動に自信をもって取り組めることで，生徒はまた基礎練習にも主体的に取り組んでくれると思います。

> **Tips!!**
>
> 練習は試合のように，試合は練習のように。日頃から意識してつなげていきましょう。

09 思わず夢中になるパターンプラクティス

#話すこと［やり取り］　#文法指導

1 文法指導の３つの側面

Larsen-Freeman（2003）は，文法指導には form（形式），meaning（意味），use（使用）の３つの側面があるとしています。一般的に「文法指導」と聞くと form の正確さを伸ばすことを思い浮かべる人が多いかもしれませんが，コミュニケーション成立のためにどんなメッセージを運んでいるか（meaning）や場面や状況に合った表現になっているか（use）ということも重要です。

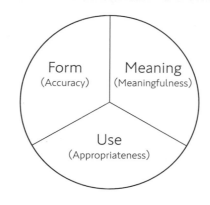

　私自身も新しい文法事項などを指導する際，use までは難しくても form と meaning くらいはしっかり扱っているつもりではいました。しかし今振り返ってみると，ほとんどは form の練習に終始していて，生徒がそこで飛び交う英文の meaning をじっくり考えてやり取りをするような学習活動をあまり設定できていなかったように思います。

2 meaning を考えさせる form の練習を

　評価の観点とも重ねて考えると，〔知識・技能〕では「練習」を通して文法や語彙といった form を定着させて，〔思考・判断・表現〕では身についた力を総動員して meaning のやり取りをする「試合」経験を積ませる，という二段構えの指導が想定されています。

　そのように説明すると，〔知識・技能〕は「素振り」のような機械的な練習でいいんだ，と捉えられてしまいそうですが，せっかくやるなら「繰り返しやる練習」にも楽しみや目的があったほうがよいと思います。「meaning を考えさせる form の練習」ということです。

　どの単元・文法事項でも成立するわけではありませんが，以下実際にやってみてうまくいった「meaning を考えさせる form の練習」つまり「思わず楽しく取り組んでしまうパターンプラクティス」を１つご紹介します。

3 「マイ・トーナメント」

比較級の練習で面白いのは，more/most が絡む比較級・最上級です。使える形容詞が interesting / important / difficult などの主観的（抽象的）なものが多く，扱いが難しいように感じていましたが，あえてそれを逆手にとった活動を考えてみたらとても面白いものになりました。「マイ・トーナメント」と名づけた活動は，中学校で勉強する9教科の教科名で「対決」をさせながら No.1 を決定するという活動です。基本的な活動の流れは以下の通りです。

①生徒はトーナメント表を作成し，教科名を自由に配置する。

②ペアを組んで，生徒Aが自分のトーナメント表の一番上の組み合わせを使って質問する。

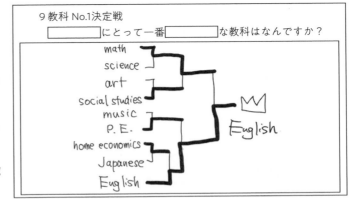

9教科 No.1決定戦

□□□にとって一番□□□な教科はなんですか？

A：Which is more interesting, math or science?

B：Math is more interesting than science.

③生徒Bの答えを聞いて，生徒Aのトーナメント表に勝敗の線を書き込む。

④役割を交代して，今度は生徒Bがもっているトーナメント表を見ながら生徒Aに質問する。

⑤交互に質問をし合いながら，お互いの No.1 が判明するまで続ける。

⑥準決勝と決勝の結果を，ワークシートやノートに書き出す。

（例）準決勝　English is more interesting than P.E. for Mr. ○○ .

　　　決勝　　English is the most interesting subject for Mr. ○○ .

この活動は，ただ教科名を入れ替えて基本例文を繰り返すだけのパターンプラクティスです。しかし，相手の答えを聞いて記録を取らなければならないので自然としっかり聞く様子が見られ，その答えに対し "Really!?" や "Why?" "Me, too!" といった多様なリアクションの声も聞こえてきます。やっぱり活動はシンプルな繰り返しであっても，英語を通して相手のことを知ることができる活動は面白いんだな，と実感しました。

Tips!!

トーナメント形式にすることで自然と相手の答えに耳を傾けます。英語を通して相手を知ることができる活動は楽しい！

10 「適切な発話」とは何だったのか

#話すこと［やり取り・発表］ #適切さ #旧学習指導要領

1 4観点から3観点への転換

　旧学習指導要領では「外国語表現の能力」と「外国語理解の能力」という観点に，それぞれ「正確さ」と「適切さ」という下位項目がありました。例えば「話すこと」であれば，さらに2つに分かれて，「正確な発話」と「適切な発話」という2つに分類ができました。

　この「正確さ」の部分が現行の「知識・技能」に，「適切さ」の部分が現行の「思考・判断・表現」に移行している，と私は解釈をしています。ですから，当時の「適切さ」が何を意味していたのかを考えることは，学習指導要領が改訂された今でも意味があることだと思っています。以下，当時から考えている私なりの「適切さ」考を今あらためて整理してみます。

2 今あらためて検討する「適切さ」考

　理解や表現が「適切である」というときには，2つのレベルがあります。以下，「話すこと」を例に考えてみます。

　例えば国立教育政策研究所の参考資料（平成22年11月）では，「話すこと」の「正確さ」と「適切さ」の具体的な例として，右のような規準を示していました。このうち「適切な発話」のほうを見ると，②に関しては「何を話すか」についての話ですが，それ以外（①・③・④・⑤）は「どう話すか」の話で，まったく違う2つのレベルの話が混在しているように思います。

（正確な発話）

・正しい強勢，イントネーション，区切りなどを用いて話すことができる。

・語句や表現，文法事項などの知識を活用して正しく話すことができる。

（適切な発話）

・場面や状況にふさわしい表現を用いて話すことができる。①

・尋ねられたことに対して適切に応答することができる。②

・適切な声量や明瞭さで話すことができる。③

・聞き手を意識して，強調したり繰り返したりして話すことができる。④

・与えられたテーマについて，自分の意見や主張をまとまりよく話すことができる。⑤

「話すこと」の評価例（丸数字は筆者追記：国立教育政策研究所, 2010）

　人が話をするときは，まず下図の(1)の「何を話すか」を考えます。例えば，質問に正対した答えを述べられているか，スピーチ大会にふさわしい内容になっているかなど，何かを話そうと決めたらまず話すべき内容を決める必要があります。

　次にそれを(2)「英語でどう言うか」を考えるのですが，ここで必要になるのは「正確さ」に関する知識やスキルです。

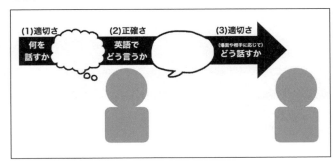

　そして，最後は(3)の「どう話すか」というコミュニケーションの仕上げの段階です。例えば，声の大きさ，トーン，間のとり方，文の組み立てる順番などは，相手や場面によっては変わります。

　このように，「適切さ」は，発話の入口と出口の部分で機能するものなのです。

3　インタビューをするために必要な「適切さ」

　「適切さ」の練習としては「インタビュー」や「記者会見」などの言語活動がおすすめです。ただし，インタビューを受ける側ではなく，インタビューをする側です。私は「しゃべくり6」と題して，6人のMCで1人のゲストをお迎えするテレビ番組を模したトークショーをしました。1班ずつテーマを決めて質問を準備しておき，ゲストのALTを囲んだトークを録画します。

　5分間，原則として1つのトピックで話を継続することとしますが，ネタが尽きた場合は一度だけトピックチェンジが認められます。ですから，生徒たちは2種類のトピックについて質問を用意しています。この質問をして，Yesと答えたら次は何を訊こうか，とシミュレーションをしながら準備をします。前の質問の「関連質問」ができたらプラス1ポイント，としました。いい質問が続いたら，その場で「ピンポン！」とボタン等を押して「イイね！」と伝えていました。

　スピーキングに限らず「表現の能力」の評価というと「意欲」と「正確さ」に偏りがちですので，こうやって「適切さ」が試される場面もしっかり位置づけていきたいですね。5分は意外に長いですから，用意していた質問を使い切ったときに，どうやって即興で乗り切れるかも見どころですね。まさに「思考・判断・表現」として今でも使えるアイデアだと思います。

> **Tips!!**
>
> 「適切さ」は古くて新しい課題です。伝える相手や目的があれば，自然に工夫が生まれます。

11 「目的」があるから「工夫」が生まれる

#思考・判断・表現　#目的・場面・状況

1　英語にこだわらない「リアルな言語の使用場面」

　新しい観点である〔思考・判断・表現〕の活動を設定するのにお悩みの方も多いようです。特に「目的」の設定が難しいですね。「日本の中学生が実際に出会いそうな目的・場面・状況」ということにこだわると，視野が狭くなってしまって，あまり面白いものにならないように思います。そこで，活動を面白くする2つのアレンジ方法をご紹介します。

　1つ目は，場面設定をあえて「ふだんは日本語でやっているようなこと」にすることです。生徒は学校や家庭の中で，日頃は日本語を使って「依頼」や「交渉」や「拒否」といった，様々な言葉のやり取りをしています。それを英語でやってしまおう，というわけです。

場面設定	目的
授業中の教室	「教科書を忘れました」「授業開始に遅れました」「ワークシートをもう1枚ください」など教師や友達に英語で謝罪・依頼する（英語で言わないと解決してあげない）。
SNS	友達候補の紹介文を10個読んで，友達申請したい人を3人以内で選ぶ（申請する英文を書く活動につなげてもOK）。
学級日誌	今日は出張で一日不在だった（という設定の）担任の先生に，今日のクラスの様子を英語を書いて伝える。
校内放送	委員会や係の生徒の集合時間と場所を放送して，自分の行くべき時間と場所を確認する（人によって場所や時間が違うと真剣に聞きます）。

2　相手に選んでもらう緊張感

　活動を面白くする2つ目のポイントは，「相手に選んでもらう緊張感」です。**02**で紹介している「ポケモン・ライティング」がまさにそんな活動です。あの活動では，自分で書いた英文に対し，読み手から主観で「イイね」or「要らない」という判定が下されます。あくまで相手（読み手）が「内容に関して」「主観的に」選択するというのがポイントで，だからこそ相手に選んでもらうために，「書く内容」や「書き方」を工夫するようになります。

　それでは「ポケモン・ライティング」以外に，「相手に選んでもらう緊張感」が味わえる活動にはどんなものがあるでしょうか。ヒントは SNS（ソーシャル・ネットワーキング・サービス）やレビューサイトにあります。

活動	目的
レストランレビューを書こう	レストランを紹介する投稿を書く。よいレビューの条件として，「味」「値段」「雰囲気やサービス」の３つが書いてあることを条件とする。目標は読み手に「このレビューは参考になった」にチェックを入れてもらうこと（実在のレストランを扱う場合は配慮が必要）。
ブックレビューを書こう	最近読んだ本を紹介する。「この本はつまらない」というレビューでもよい。ただし，理由などが読み手に伝わって，説得力があるように書くこと（目標は読み手に「このレビューは参考になった」あるいは「この本を読んでみたい」にチェックを入れてもらうこと）。
履歴書ゴーストライター	架空の履歴書を書く活動。履歴書風のワークシートには一人ずつ異なる名前とイラストが最初から印刷されている。書き手は，得意なことをアピールしつつ，できないこと（苦手なこと）も書かせる。それ以降のやり方はポケモン・ライティング（02参照）と同様。ただし，交換して読む段階で，全員に異なる「職業カード」を配付し，その職業の視点で「採用」「不採用」「保留」を選ぶ（図書館司書だったら「声が大きい」という特徴は生きないが，「八百屋」では重宝されるかもしれない）。

　人に選んでもらうためには，英文が正確であることが前提条件になります。だから，内容にこだわっている〔思考・判断・表現〕の活動でありながら，英文の正確性のような〔知識・技能〕の部分も生徒は自然と意識するようになります。これも「ちゃんと伝えたい」という思いがあるからこその行動なので，やっぱり活動自体の仕掛けが重要です。

　ただ，生徒の年頃と発達段階を考えると他人の評価ばかり気にしているのも，精神衛生上よくない気もするので配慮も必要です。でも生徒たちは，必ずしも多数に好かれようとしていなくて「全員から高評価を得たい」という目標の生徒もいれば，「クラスに１人くらいこれをいいと言ってくれる人はいるかな？」というスタンスで書く生徒もいます。そういった多様な価値観や達成感を，活動を通して生徒と共有したいですね。

> **Tips!!**
>
> 活動を面白くするヒントは SNS にあります。人は「目的」があれば自然と「工夫」をします。

12 「目的」があるから「努力」が生まれる

#聞くこと　#読むこと　#話すこと〔やり取り・発表〕　#書くこと　#技能統合

1　やっとできた技能統合的な活動の居場所

　新しい学習指導要領に対して厳しい意見ばかり書いてきましたが，個人的にはいいなと思っている改訂ポイントももちろんあります。その1つは，〔思考・判断・表現〕という観点の登場により，技能統合的な活動を授業の中で指導・評価しやすくなったことです。

　これまでの学習指導要領では，「話すこと」「書くこと」という産出系と「読むこと」「話すこと」という受容系では，異なる観点で評価することになっていたので，「読んだものについて書く」とか「書かれたものを読んでそれについて話す」といった複数の（しかも異なる観点の）技能を組み合わせた活動が設定しづらかったように思います。

2　後にやることがあるから必死になる

　例えば「読んだものについて話す」という統合的な活動を行う場合，大事にしたいのは「読むこと」でしょうか，「話すこと」でしょうか。私はこれまで，「前に行う活動」のほうをできるだけ簡単にするようにしていました。この例で言えば「読むこと」がクリアできないと「話すこと」にたどり着けないからです。しかし最近はむしろ，後に「話すこと」があれば，ちょっとくらい難しくても必死になって読むんじゃないか，と考えるようになりました。

　これは11でご説明した「目的」と重なりますが，生徒たちは達成したい「目的」があるから「努力」します。だったらその「目的」をうまく利用して，生徒に頑張ってもらうことが重要ではないでしょうか。以下，技能統合の組み合わせの例をいくつかご紹介します。

①2段階	複数の英文を**読む**　→　どの英文がよいか選んで理由を英語で**話す**
②2段階	英文を**書く**　→　みんなの英文を掲示して**読んで**よかったものにシールを貼る
③3段階	自分の考えを**話す**　→　**聞いた**ことをメモする　→　メモを見て他の人に**話して**伝える
④3段階	それぞれ違う放送を**聞く**　→　自分が聞いた内容を友達に**話す**　→　話し合って元の英文を**書く**
⑤4段階	新聞記事を**読む**　→　記事に対する自分の考えを**書く**　→　用紙を交換して友達の意見を**読む**　→　友達の意見に対してコメントを**書く**

　ちなみに巷で見かける技能統合的活動は「書くこと」が最後に位置していることが多いように思います。私はこれに違和感があります。もっと気軽に書くことに取り組む意味でも，「書くこと」に対して目的をもたせてあげる意味でも，書いたものを誰かに読んでもらう活動を取り入れてみてください。せっかく生徒が書いたものを，教師しか読まないなんてもったいないですから。

3　あえて「英語以外の技能」との連携も

　さて，これだけ技能統合的な活動をご紹介しておいてなんなのですが，あえて技能統合しない，もっと言えば「英語以外の技能」と組み合わせてしまう事例もご紹介しておきます。

　例えばメインとなる活動のねらいが「概要や要点を読み取る」活動なら，無理に技能統合して後ろで「英語で書く」みたいな活動を設定しなくてもいいと思います。例えば，思い切って後ろに「日本語で返事を書く」活動や「絵を描く」活動を設定してみましょう。英語で書かれた記事を読んで15字以内の日本語で要約させたり，記事のタイトルを日本語でつけさせたりする活動なら，内容がきちんと読み取れているかが判別しやすいと思います。また，英文に書かれている「新しい家への要望」を読み取って，間取り図を書かせるのも面白いかもしれません。

　世の中では「授業は英語で行うことを基本とする」という言葉が独り歩きしているようにも思いますが，私は母語である日本語をうまく活用した授業のあり方をずっと模索してきました。語順の違いなどの文構造を考える上で，日本語と英語の対比が文法理解を促進する場面は多いと思います。また，母語で思い浮かぶ「言いたいこと」と英語で「言えること」のギャップに気づくことも成長のために重要なステップだと思います。しかし，「だから全部英語でやらなきゃ」と考えてしまうと視野が狭くなって授業を面白くするヒントを見落としてしまうことがあると思うので，あえて「英語以外の技能」に目を向ける機会をつくるとよいと思います。生徒も，ノンバーバルな表現もコミュニケーションの一部なんだと気づくことができると思います。

　ちなみに，英語教師を目指す学生には，「やれと言われたら50分英語だけで効果的な授業ができるけど，あえて日本語を取り入れている」と言える英語力を身につけよう，という話をしています。

> **Tips!!**
> 技能統合をうまく利用してスキルを鍛えよう。時には「英語以外の技能」の活用も。

13 教師の文法観をアップデートする

#文法

1 すべてのページを同じようにやるのはもうやめよう

英語科の学習指導要領の「内容」欄には，右図のように，中学校3年間で指導するべき文法事項や語彙数などが約5頁にわたり羅列されています。これだけ見ても何をどう指導していいか全然伝わってきません。

しかも今回の改訂で，指導するべき内容は増加しました。そのため，新しい教科書を見た先生方から，「指導しきれない」「生徒が大変そう」「全文音読させる時間がない」といった声も聞こえてきます。こういった声に対して今私が言えることは，「すべてのページを同じようにやるのはもうやめませんか？」ということです。

エ 文，文構造及び文法事項
　　小学校学習指導要領第2章第10節外国語第2の2の(1)のエ及び次に示す事項について，意味のある文脈でのコミュニケーションの中で繰り返し触れることを通して活用すること。
(ア) 文
　a　重文，複文
　b　疑問文のうち，助動詞（may, will など）で始まるものや or を含むもの，疑問詞（which, whose）で始まるもの
　c　感嘆文のうち基本的なもの
(イ) 文構造
　a　[主語＋動詞＋補語] のうち，
　　主語 ＋ be 動詞以外の動詞 ＋ { 名詞 / 形容詞 }
　b　[主語＋動詞＋目的語] のうち，
　　(a) 主語＋動詞＋ { 動名詞 / to 不定詞 / how（など）to 不定詞 }

例えば，予習としてノートに単語を書き，辞書で意味を調べ，本文を書き写し，そこに板書を書き写す，といった学習活動をすべてのページでやらせていたら，年間140時間で教科書が終わらないでしょう。新しい教科書ではレッスン（ユニット）内の各ページにねらいが設定されていて，扱う時間にも軽重がつけられる設計になっています。例えばあるレッスンの最初のページはざっくりと概要を読み取るだけ，次のページは会話文を示して音読やスキットなどをさせ，その次はじっくり読み込んで文法事項や読解のスキルを磨き，そしてレッスンの最後には速読や英作文に取り組む，といった感じです。この中で，最初の「ざっくり読み」のページや最後の「発展ページ」は，上述の「ノートづくり」や「じっくり音読」をさせるには適切な分量ではありません。

ですから，読み取り用の教材として扱い，音読等は重要な英文のみに絞るレッスンは計4時間で終わらせ，音読を土台に暗唱やリテリングまで取り組ませたいレッスンは計10時間くらいかけて発表会まで実施する，といった具合に教師がねらいをもって計画を立てることができます。いずれにしても，先生方による「主体的に教材研究に取り組む態度」が求められます（そのための時間をちゃんと用意してくれ！　と虎ノ門のほうに向かって叫んでおきます）。

2　文法事項にも軽重がある

　さて，中学校3年間でたくさん学ぶ文法事項にも，実際のコミュニケーションでよく登場するものもあれば，あまり頻度の高くないものもあります。また，英語力の「幹」となるような文法事項もあれば，木の姿を整え，美しく彩る「枝葉」のような役割の文法事項もあります。ちなみにここでいう「枝葉」とは一般に「些末なもの」を指す「しよう」ではありません。順番から言えば「幹」が先ですが，立派な木として成長するためには「枝葉（えだは）」もまた重要なのです。この「コミュニケーションのための文法」の「幹」と「枝葉」として，私は「語順」と「名詞句」という2つの項目を提案します。

　まずコミュニケーションを支える「幹」になるのは「語順」，もっと正確に言えば「句順」です。英語では下図のように「だれが」「する（です）」「だれ・なに」「どこ」「いつ」という順番に箱を並べるのですが，それぞれの箱には複数の語からなる「句」が入ることになります。このような英文法の捉え方を「意味順」（田地野編,2021）と言います。

だれが	する/です	だれ・なに	どこ	いつ

　「幹」がしっかりしていれば，メッセージは概ね正しく伝わります。後は「枝葉」が文に多様な意味を加えていきます。それが「箱」の中の語の並べ方を考えることです。特に「だれが」と「だれ・なに」に入るのが，The tall man や the books about rock music といった「名詞句」です。この「幹」と「枝葉」という視点で文法事項を見つめていると，不定詞や関係代名詞，分詞などは「枝葉」をつくるための文法事項なのだなと気づきます。このような整理のしかたを示すことで，生徒も「今学んでいる文法事項がコミュニケーションの中でどんな働きをするのか」を考えるようになると思います。

　本来なら，このような文法事項の取り扱い方こそ，学習指導要領に書いてあるべきだと私は考えています。しかし現行の「指導計画の作成と内容の取り扱い」などを見ても，残念ながらそのような文法観は示されていません。学習指導要領のアップデートはまた10年近く先になりますので，まずは先生方がそれぞれの文法観をアップデートさせて，こだわりをもって指導していくことが大切だと思います（なので，そのための時間を先生方に！（再））。

> **Tips!!**
>
> レッスンやページごとに「役割」を意識して教科書を使おう。そしてそれぞれの文法事項の「役割」も考えよう。

Column

とっておきの授業エピソード

（奥住　桂編）

1　新担任の徒然絵日記「太陽とは？」編

そのうち「面白いことを言えば漫画に載れるみたいだ」と生徒たちのボケはさらに磨かれていきました。

2　担任の徒然絵日記「ビストロ6組」編

別のクラスでは，校内放送で流れる曲に合わせて食事中に歌っていたという情報あり。歌声喫茶か？

3　担任の徒然絵日記「爆笑英会話」編

「英語で人を笑わせる」に燃える彼らにとって，「英語で話す」は通過点に過ぎないのです。

＊学級通信に連載していた4コマ漫画より

Chapter 2

探究（課題発見・解決）型学習・
家庭学習・研修アイデア

Profile 2

上山晋平 （福山市立福山中・高等学校）

　小学４年生で「先生になる」と決めたものの，その後，肝心の教科が決まらず苦労しました。やっと英語に決まったのは，高３の入試直前になってのことです。

　英語は中学１年で授業は楽しかったのに，be 動詞と一般動詞の違いもわかりません。やっとわかったのは中３になってから。

　大学入学まで払拭できなかったこの英語への苦手意識を変えたのは，大学４年次のキャンベラ大学への留学です。私は Japan Club というクラブの部長に推薦され，多くの国の仲間や大使館の方と協力して日豪親善球技大会の開催などに勤しみ，あろうことか１年後に大学 No.1クラブとして表彰されることに。それ以来，「英語は使うと楽しい。可能性がある。世界平和につながる」が信念になっています。

座右の銘
人生３万日（人生は有限。日々を大切に生きる）

00 授業づくりの極意「教育の方向性をメタ的に踏まえた授業づくりを」

＃CS　＃教育の目的　＃課題発見・解決力

1 教育全体の進む方向性をメタ的に踏まえる

　私が本書でお伝えしたい一番のメッセージは、このタイトルの通りです。つまり、「教育全体の進む方向性をメタ的に踏まえた上で教科の授業をする」ということです。

　英語教育の書籍なのに、これはいったい、どういうことでしょうか。

　これまでの教育（特に高校）の中心は、教科や科目にありました。この形をここでは Subject-Based Learning と呼びたいと思います。教科や科目が中心の教育ということで、同じ教科内での打ち合わせはあるものの、他教科との学習内容等での連携は少なかったように思います。

　ただ最近では、これだけでは「複雑な社会」に対応できないのではないか、学校機関での学びと社会で必要な力に格差が生じているのではないかという、学校から仕事・社会へのトランジション（移行）の観点で教育改革が進んできたのも本書の読者の方ならご存じの通りです。

　そこから、「教科横断型」や「カリキュラム・マネジメント」「社会に開かれた教育課程」、（汎用的な）「資質・能力」、そして「総合的な探究の時間」をはじめとする「探究」を中心とした学び（Project-Based Learning）など、新たな教育の形が試行錯誤されています。

　私はこの世界的な潮流（日本だけではない）には意味があると思っています。学びの中心を「教科学力の習得」におくのか、それとも、「生徒の人生」や「幸せで持続可能な社会づくり」の創り手の育成におくのかで、教科のもつ意味が大きく変わってくると思うからです。

　今後は、「個別最適な教育」という言葉が指すように、1人1台端末のおかげで、ICTを活用した「教科の基礎的な学力保障」はますます進んでいくでしょう。そうすると、「狭義」の学力の習得だけを目指していると、（今すぐにではないとしても）我々生身の教師の立場も危うくなっていくのでは、とも危惧しています。すでに、母語と外国語の変換作業は、量や文字・音声に関わらず、一瞬にしてアプリで行われる時代です（こうした学習に意味がないとは言いません。発信「内容」や「構成」を考えることはこれからも変わらず大切なことでしょう）。

　そうした思いから私は、社会全体が進む方向を確認し、教育の本来の意味である「個人の幸せな人生」（人格の完成）と「幸せで持続可能な社会」（社会の形成者）の創り手育成という、生徒と社会のよい状態（ウェルビーイング）に向かう主体を育てる。この教育の根本目的の達成を専門的に下支えするのが教科であると考えます。Project-Based Learning と Subject-Based Learning の両輪で、「ベクトル」を合わせて進める教育、これを実現したいと考えています。

2　学校全体で「課題発見・解決力」を育てる

　では，Project-Based Learning と Subject-Based Learning の融合とは，具体的にはどのようなものでしょうか。次項からの13項目で各論を述べたいと思いますが，ここではその前提となる考えや流れを共有したいと思います。

　まず，01では，「これからの時代に必要な教育」について考えます。キーワードは，「ウェルビーイング」や「エージェンシー」「課題発見・解決力」などです。

　次に，これから学校で養う中心的な力を「課題発見・解決力」とします（高校の教育改革の目玉とされている総合的な探究の時間の目標を一言でいうと，「課題発見・解決力」です）。

　そのためには，「真正なる課題」が必要で，さらに学びを生活や社会につなげる必要があり，02では，課題発見・解決力を育むために「SDGs」の観点を取り入れることを検討します。

　続いて，課題発見・解決力を養うためには，教科単独でなく，日本の教育の大きな利点として世界的にも注目されている「特別活動」と「総合的な探究の時間」とリンクした学習が効果的であると考え，その理想的なあり方を03と04で取り上げます。

　続いて，05では，「課題の解決」をしっかりと進める上で意識しておきたい，不可欠な「2つの型」を押さえます（探究や探究的な学習を進める際にも生徒と共有しておきたいこと）。

　いよいよ06では，「教科（英語）の授業」で探究「的」な学習に取り組むポイントを扱います。それを受けて，07では探究的な「スピーキング」の事例を，08では，探究的な「ライティング」の事例について具体的に考えます。

　課題発見・解決力の育成は，学校の中だけに閉じるものではありません。09と10は，家庭学習でどのように課題解決を図る支援ができるのかに挑戦します。「自己選択」と「自己調整」という2つのキーワードに注目します。

　11では，課題発見・解決力を育成するには，その集団における「心理的安全性」が大切で，そのためには，「人間関係づくり」を考える必要がある，という教育の基本を押さえます。

　12と13では，教師の「課題発見・解決力」を伸ばす方策を考えます。「高次の学力」（対比・比較・創造・提案等）を育成するには，指導者側の成長も不可欠とされているからです。教師が学び成長し続けるために現場で無理なく継続できる研修や振り返りをご紹介します。

　学校内外で，生徒の「課題発見・解決力」を伸ばす教育を進める際は，「何のためか」を忘れてはいけないと思っています。それは，「自他の幸せ」（ウェルビーイング）です。自己の成長のため，夢の実現のため，家族を支えるため，地域を支えるため，社会を創るため，社会課題を解決するため，日本や地球全体に貢献するため，つまり，「世のため，人のため，自分のため」に責任感をもって，課題を発見し，困難を1つずつ解決していける人を一人でも多く輩出し，そうした仲間と数多くつながり，この世界をよりよくしていけたらと思います。

01 これからの時代に必要な教育とは？

＃CS　＃ESD　＃エージェンシー　＃ウェルビーイング

1　学習指導要領「持続可能な社会の創り手」とは？

　これからの英語教育について考える前に，「これからの時代に必要な教育」についてまず考えてみましょう。大きな教育の方向性を理解すると，各教科で必要な取組を考えやすくなります。文科省は，学習指導要領の「前文」（改訂の理念を強調する部分）で，これからの学校教育の目的は，「持続可能な社会の創り手を育てること」としました。以下は大切な部分です。

> これからの学校には，（中略）一人一人の児童が，自分のよさや可能性を認識するとともに，あらゆる他者を価値のある存在として尊重し，多様な人々と協働しながら様々な社会変化を乗り越え，豊かな人生を切り拓き，持続可能な社会の創り手となることができるようにすることが求められる。

小学校学習指導要領（2017）「前文」「総則」（下線部は引用者による）

　2020年代の教育の目的が「持続可能な社会の創り手」とされたことについて，「学習指導要領で育てるべき人間像が示されたのは70年ぶり」のことで，「SDGs を含む教育内容が2020年代の学習で最重点項目となったと言っても過言ではない」と言われています（田中，2020）。

　この，持続可能な社会の創り手を創る教育は ESD（Education For Sustainable Development），日本語では「持続可能な開発のための教育」と呼ばれています。最近では「SDGs 教育（SDGsを達成するための教育）」とも呼ばれることがあり，イメージは次の通りです。「地球規模の課題を自分事として捉え，その解決に向けて自ら行動を起こす力を身に付けるための教育。（中略）新しい学習指導要領に基づき，これからは，全ての学校において ESD が推進される必要がある」（『持続可能な開発のための教育（ESD）推進の手引』（令和３年５月改訂）p.１より）。

　「学校教育全体の理念である ESD とは何？」と思われた方は，上記手引が理解に役立ちます（私も１事例執筆）。手引は PDF でダウンロード可能なのでぜひ検索してみてください。

　2030年までの教育で目指すのは，教科書を終わらせることや各教科の学びを深めるだけでは不十分です。「よりよい学校教育を通じて，よりよい社会を創る」を具現化したいのです。「地域社会との連携・協働」や「カリマネ」「社会に開かれた教育課程」が求められるゆえんです。

2　OECD「エージェンシー」とは？

　次に，日本の教育に影響を与える「世界の教育」の潮流も見てみましょう。OECD（経済協力開発機構）は，2019年に「Learning Compass 2030（学びの羅針盤）」を策定しました。右図の右下にある「エージェンシー」と，左上の「ウェルビーイング」にご注目ください。「エージェンシー」とは，個人・集団・社会（地球）の「よい状態」（ウェルビーイング）に向かって，「自ら考え，主体的に責任感をもって行動し，個人と社会をよりよい方向に実現していく力」のことです。

　つまり，これからの教育では，狭義の学力（認知能力）や入試の突破だけでなく，「ウェルビーイング」（仕事，生活満足度，健康等の幸福な状態）に向かって「エージェンシー」を発揮して歩む生徒を育成しようということです（教室から出て，社会と連携して行う PBL なども必要でしょう）。変革をもたらす力は，「新たな価値を創造する力」「対立やジレンマに折り合いをつける力」「責任ある行動をとる力」の３つ（すべて数値化されにくい「非」認知能力）。これらをビジョンに取り入れた先進的な学校もあります（山本崇雄先生より）。私もこれに感銘を受け，生徒に Happiness Creators（（自他の）幸せを創る人）になってほしいと伝えています。

3　課題発見・解決力

　こうした時代における重要なカギは，「課題発見・解決力」です。文科省もその重要性を「学習の基盤となる資質・能力」という言葉に込めています。これは，学びの質や資質・能力の向上に特に重要な３つの力とされ，この１つが「問題発見・解決力」です（「課題」と「問題」の違いは後述）。ちなみに後の２つは「言語能力」と「情報活用能力」です。

　これら３つの力は，我々大人も含めて特に意識してこれから高めていきたい力なのです。

> **Tips!!**
> 「ウェルビーイング」を目指し，「エージェンシー」や「課題発見・解決力」を発揮する「持続可能な社会の創り手」を育む，こうした，これからの教育の方向性を頭に入れて教育活動に取り組もう。

02　課題発見・解決力を育む「SDGs」の観点—ESD のススメ

SDGs　# ESD　#ホールスクール・アプローチ

1　SDGs 教育に挑戦しよう

　先ほど，これからの教育では「持続可能な社会の創り手」を育む教育（ESD）が重要と確認しました。この共通言語となるのが SDGs です。Sustainable Development Goals の略で，「持続可能な開発目標」と呼ばれます。ESD の最初のステップとして，教科に SDGs の観点（目的・内容・資質・能力等）を入れることから始めてはいかがでしょうか。ポイントをご紹介します。

❶ SDGs について知る

　最初に「SDGs とは何か」や「17目標」について調べてみましょう（多くの書籍あり）。以下，SDGs とその担い手を育む ESD の要点です。SDGs のメリットは，真の社会課題を扱う学びになるということです。

(1) SDGs（持続可能な開発目標）について

> ①数えきれない世界の問題の中から，国連で合意された2030年までの17目標が SDGs である。
> ② SDGs はすべての国の目標で，教師，生徒を含む地球の全員が SDGs を推進するメンバーである。
> ③学校で行う ESD は SDGs の推進になる（ターゲット4.7）。教育には社会を変える力がある。
> ④ 1 つの問題だけを解決できない。全問題を同時並行で行動し，世界の変容を目指す。
> ⑤「環境」だけでなく，「環境」「社会（人権を含む）」「経済」の統合的解決を目指す。

(2) ESD（SDGs 教育）の学習方法や考え方の特徴

> ①目指すのは，「持続可能で幸せな世界・社会の創造」である（各教科の先を目指す）。
> ②目標は，価値観・行動・生活様式の「変容」である（知識の獲得だけでは不十分）。
> ③学習法は多様である（知識伝達型だけでなく批判的思考を含む参加型・問題解決型学習等）。
> ④コンテンツは，地域にも見出せる「地球規模の課題」である。
> ⑤学校では「ホールスクール・アプローチ」（授業以外にも学校全体で取り組む）が有効。

永田佳之氏の発言を中心に ESD 関連の各種資料を参考に作成

❷自分の教科で，ESD につながる内容（単元）を確認する

　学習指導要領には SDGs・ESD との関連項目が多く含まれています。道徳や学校行事を含めて各教科で取り組めることは多く，常に新規開発が必要なわけではありません。ご安心ください。

教科	学習内容
英語	□国際理解・協力　□コミュニケーション　□貧困　□地雷　□環境問題　□フェアトレード
社会	□世界平和の実現と福祉の増大　□文化や宗教の多様性　□基本的人権の尊重　□法の意義
理科	□エネルギー資源　□科学技術の発展　□生命の尊重　□生物の多様性　□自然と人間
総合	□問題の解決や探究活動に主体的，創造的，協働的に取り組む態度の育成　□環境問題
道徳	□思いやり　□生命の尊さ　□差別のない社会　□公共の福祉　□公正・公平　□国際貢献

日本ユニセフ協会（ユニセフ日本委員会）(2017)『「持続可能な開発目標」を伝える先生のためのガイド』を参考に作成

❸教材の単元と SDGs の「目標」「ターゲット」と関連させて授業をする

　SDGs を授業で扱う際は，SDGs の「ゴール（17項目）」と「ターゲット（169項目）」を確認します。これで教科内容と世界課題がつながります。例えば英語の授業で，地雷や環境などの英文を読んだら，内容理解で終わらず，数時間プラスし探究的な学習過程を組み込みます。「本質的な原因」「解決策」「自分（たち）は何をするのか」を提案・実行するのです。SDGs は「紐づけ」で終わらず，「目的」「内容」「資質・能力」「学習法」，さらに，「教科横断」「当事者意識（自分ごと）」「社会との関わり」などを意識することで，「社会課題の解決力」をもった「持続可能な社会の創り手」の育成につながる学びとなります。

> **SDGsをどう活用して社会の創り手を育むか？**
> ―ESDは「SDGsの目標との紐づけ」だけでない―
>
> 教科・探究・特別活動・部活動・会話等でSDGs的要素を組み込む
>
> **❶目的を意識する**
> ＊「持続可能な社会の創り手」の育成が目的（授業での声かけも変わる）
>
> **❷内容を関連させる**（単元：指導要領の目標とSDGsの関連）
> ＊授業内容とSDGsの17目標を関連付ける
> ＊SDGsの「ターゲット」（具体的な到達点）を確認するとより具体的に
> ＊「自分事化」（自分も関わりがある）➡行動➡変容
>
> **❸資質・能力を意識する**
> ＊社会の創り手に必要な「資質・能力」を育成
> 　（知識習得だけでは不十分）
> 　➡課題解決力・分析能力・批判的（代替案）の思考力・協働・・
>
> **❹学習法**（知識伝達型➡参加型・解決型）を取り入れる
> ＊参加体験型，現実的課題に実践的に，多様な人と協働，正解がない問い

2　「ホールスクール・アプローチ」に挑戦しよう

　SDGs は授業だけでなく，ぜひ「学校全体」（ホールスクール）での取組に広げましょう。例えば，「学校全体で『持続可能な社会の創り手』の育成を共通目的とする」「学校ビジョンをESD と関連させる」「目指す資質・能力に ESD 関連項目を入れる」「各教科の SDGs の取組を可視化する」などです。ACCU（公益財団法人ユネスコ・アジア文化センター）「変容につながる16のアプローチ」で取組事例を入手できます（私も 1 事例執筆）。

Tips!!

　授業や学校全体で SDGs に取り組むことで，生徒が SDGs を意識する場面が増え，意識や行動の変容につながり，資質・能力が向上し，「持続可能な社会の創り手」の育成につながる学びとなります。

03 「特別活動」とリンクする理想的な課題発見・解決学習

＃特別活動　＃海外修学旅行

1　事例1　外務省「若手教員米国派遣交流事業」での経験

　今後の教育で，生徒が「持続可能な社会の創り手」として，個人と社会のよりよい状態（ウェルビーイング）を目指して主体的な課題解決力（エージェンシー）を発揮していくには，どのような取組ができるでしょうか。ここでは，「特別活動と探究」の両面から考えてみましょう。

　まずは，理想的な課題解決学習を取り上げます。すぐには実現できなくても，AI が入ってくる未来の教育においても取り入れていきたい，という意志を込めて読者の方と共有したい事例です。

　1つ目の事例は，外務省「若手教員米国派遣交流事業」での私の実体験です。これは，修学旅行などの「学校行事」のヒントになります。この外務省主催の米国研修（約3週間）は，次の2つの点で大変優れた研修デザインになっていました。

> **事例1　外務省「若手教員米国派遣交流事業」**
>
> ■Portland State University（オレゴン州）
> **（1）研修の最初に「最後に行うアウトプット」について確認する**
> 全部で6グループに分かれてプレゼンテーション（最終日）
> ❶アメリカのリサイクル精神　　　❷ポートランドの街づくりとコミュニティ
> ❸アメリカの学校制度　　　　　　❹地産地消
> ❺アメリカのクリーン・エネルギー施策　❻アメリカの自然保護活動
> **（2）大学のカリキュラム**
> 　★1日の学習がすべて関連したテーマで学びが大きい（関連性，有用性）
> ❶予習：翌日の授業に関する事前課題を読んで内容理解（＝反転学習的）
> 　　★学習に有用性・現実性あり
> ❷午前：午後のfield tripに関する英文を使って
> 　　さらなる情報収集,QA,ディスカッション，キャンパスツアー（体験）
> 　　★企業のHPを含むauthenticな素材（画像や動画をそのまま活用）
> ❸午後：field trip（移動して現地での体験，インタビュー，質疑応答）
> 　　★発表に向けた情報を収集するために主体的に質問する
> ❹復習：各自で情報の整理（プレゼンに向けて）
>
>
>
> 【提言】今後の日本でも特別活動・探究と関連した各教科の授業を（カリマネ）

　1つ目は，研修の「最後」（3週後）に行うアウトプット（発表）について，研修の「最初」に知らされたことです。街づくりや学校制度などのグループに分かれプレゼンテーションをします。「最後にアウトプットがある」と「最初」に言われると，研修への姿勢が前向きになります（「きちんと学んでおかないと後で大変だ」）。この「最後のアウトプットを先に伝えて前向きな姿勢を引き出す」手法は，学校行事や修学旅行，教科の授業でも活用できます。

　2つ目は，ポートランド大学のカリキュラムです。1日の学習がすべて関連したテーマで，学びが拡大化されるデザインでした。例えば，各日の午後は，field trip という，その日のテーマに関する現地体験（訪問）を行います。現地の高校や動物園，リサイクル施設の訪問などです。そこでは，最後のプレゼンに向けた情報収集のためにディスカッションが行われます。適切な質問をするには知識が必要なため，午前の大学での授業は，午後に必要になる情報を英文やHP，議論を通して学び取ります。参加者は午後に必要な知識だとわかっているので学習姿

勢が主体的になります。また質疑応答をするために，不明箇所もしっかりと理解し，自分の言葉で話せる（リテリング）状態になるように準備して学習内容についての理解を深めました。

　午前の学習をさらに効果的にするために，時には事前課題（宿題）もありました。資料を各自で事前に読んでおき，授業でそれについて議論するという，「反転学習的」な構成です。

　午後の現地体験と訪問後は，各自がプレゼンに備えて情報を収集・整理・分析します。これも最後にプレゼンが待っているので，それに備えて参加者が自ら行うのです。

　私たちの学校でも，修学旅行や行事などの特別活動にアウトプットの機会を設け，それに向けてうまく教科と関係させて実施することで，主体的な課題解決学習が可能になるでしょう。

2　事例2　海外修学旅行でサスティナブルなテーマでプレゼン，討論

　2つ目の理想的な課題解決学習の事例は，海外修学旅行で行った現地校とのSDGsに関するプレゼン＆ディスカッションです。

　筆者の勤務校の修学旅行では，マレーシアとシンガポールに出かけ（コロナ禍を除く），SDGsに関する議論をします。例えば，「煙害」や「熱帯雨林の破壊」などです。

　このため両校ともに事前に有志を募ってチームを組み，テーマに基づいて

事例2　「海外修学旅行」で現地校とSDGsプレゼン＆ディスカッション
●修学旅行・マレーシア交流校とのサスティナブルなテーマでプレゼン，討論
●地球環境問題SDGs
　（Haze／「エビ養殖による東南アジアのマングローブ林・熱帯雨林の破壊と日本」）
●（事前準備）各校でお題について協議・リサーチしプレゼンの準備（英語）

【提言】今後の日本でも特別活動・探究と関連した各教科の授業を（カリマネ）

リサーチをし，英語科と理科の教師もサポートに入るなどして英語でのプレゼンの準備をします。こうした情報を他の生徒と共有するため，学年集会や総合的な探究の時間などに，学年の生徒にプレゼンをして全体で情報共有をします。現地では全員がディスカッションをするので，適切な情報提供が不可欠だからです。

　修学旅行では，両国の代表生徒が英語でプレゼンを行い（10分程度），全員でディスカッションをします。修学旅行の途中で英語ディスカッションがあるとわかっているため，全生徒は事前の英語授業での会話練習に本気になり，さらに知識を得るため各自で情報収集しようともします。目的，場面，状況に加えて「リアルな相手」を組み込むと本気度がより高まるのです。

> **Tips!!**
>
> 「持続可能な社会の創り手」を目指すために，紙上（教科書）の学習や疑似体験だけでなく，社会や校外とのリアルな活動を取り入れ，それに向けて学習するデザインも取り入れよう。

04 「総合的な探究の時間」に取り入れる課題発見・解決学習

#探究　# PBL　# SBL

1　探究的な学習のプロセス

　高等学校では、「総合的な探究の時間（以下「探究」）」が行われています。この「探究」は、小・中学校でも授業を「課題解決型」「探究型」にするヒントを得られます。私は「探究」とは、「自分で課題を設定し、探究的なプロセスを通して最適解を導き出し、課題解決力などの資質・能力を身につける課題解決的な学習」と捉えています。

　探究の大きな特徴は、「探究プロセスを経由した課題解決学習」です。以下に、そのポイントをまとめます。探究プロセスは、各教科の学びを探究的にする場合にも参考になります。

●単元に「探究的な学習のプロセス」を取り入れる。

探究プロセス	学習方法
課題の設定	複雑な問題状況から自ら課題を設定 仮説や検証方法を考え計画を立案
情報の収集	具体的な問題について情報を収集
整理・分析	関係を把握し考察し考えを形成
まとめ・表現	考えや意見を論理的に表現 進め方等を振り返り今後に活用 新たな課題を見つけ問題の解決開始

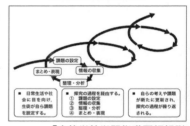

探究における生徒の学習の姿

「高等学校学習指導要領解説
総合的な探究の時間編」p.12

2　総合的な探究の時間に「課題発見・解決学習」を行う

　総合的な探究の時間には、実社会の複雑な問題に取り組みます。私は「夢プロ」という単元を新規開発しました。「夢プロ」とは、生徒個々が自分の夢や興味・関心に応じた地域や身の回り・社会の問題をテーマに課題解決策を考え、実行・検証する（探究型の）プロジェクトです。目的は、探究プロセスを自分で回し、課題解決力などの資質・能力を伸ばすことです。

　「課題設定」に苦労する生徒には、「問題」から「課題」を導く術を伝えるとよいでしょう。

①自分の関心のある分野を選ぶ。　例）教員志望者なら「教育」分野
②その分野での「問題」を検索して書き出す。　例）いじめ、不登校、教育格差

③その問題から，特に自分が関心があり，解決したいものを選ぶ。　例）いじめ問題

④その問題はどうすれば理想的な状態に至るのか「課題」を考える。

以下は，生徒が設定した様々な課題（要約版）をSDGsの目標で分類してみたものです。

SDGsとリンクした探究課題①		
SDGs	人	探究課題の例（実行）
1 貧困	3	貧困問題をなくすために高校生ができることは（他校とのプログラム参加）
2 飢餓	16	どうしたらスーパーの食品ロスをなくせるか（企業連携）
3 福祉	21	外国人にやさしい医療サービスにするには（英語パンフ作成）
4 教育	37	勉強の質を上げる筆記用具（鉛筆）とは（各種鉛筆で実験）／戦争・平和教育をどうすべきか（小学校で平和学習授業実践）／「やさしい日本語」を知ってもらうには？（日本語ボランティア）／SDGsを自分事として捉えてもらうには？（SDGsカード添付）
5 ジェンダー	8	LGBTQの人たちがより良い生活を送るために（アンケート）／育児ノイローゼを減らすには？（施設体験、ポスター作成）
6 水と衛生	2	発展途上国の生活を良くするためにできることは？（カンボジアで実際に井戸掘り）
7 エネルギー	2	電力消費量削減のためにできること（身近な解決策提案）
8 経済成長・雇用	22	備後の観光業促進のためにできることは（尾道、福山、三原で調査し魅力を動画作成、観光甲子園）
9 産業と技術革新	5	スマホを落としたときに画面が下にならないためには（落下の計算、実験）

SDGsとリンクした探究課題②		
SDGs	人	探究課題の例
10 不平等	9	SNSでの誹謗中傷をなくすには（防止を呼び掛ける動画作成）／本当に必要な校則とは（アンケート調査、生徒と教員連携）
11 まちづくり	32	人々がほしがる日常でも使える防災グッズとは（調査・制作）／子どもの交流、遊び場を作るには（小学校でレク実施）／若年層に福山の郷土料理うずみを広げるには（取材、動画）
12 つくる責任、つかう責任	11	食品ロスを減らすために（フードバンクでインタビュー）／ビニール袋を使わず生活するには（紙袋での消費量実験）
13 気候変動	2	換気と空調で効率的な省エネを実現するには（換気による気温変化や風通しを調査）
14 海の豊かさ	2	海洋資源を活用する地元の活性化には（企業調査、イベント）
15 陸の豊かさ	7	生物が減少した近くの川の水質は（水質調査→綺麗を提案）／動物殺処分を減らすには（現状調査、ボランティア団体活動）
16 平和と公正	3	いじめ問題を減らすには（調査）／著作権は正しく伝わっているか（アンケート、予想外の現状）
17 パートナーシップ	0	なし

SDGsを扱う際のポイントは，「SDGsのターゲットとの紐づけ」と，「解決策の提案で終わらず解決策の実行まで行うこと」です。これで，世界の課題（SDGs）を自分ごと化できます。例えば英語と関連した活動で，「在日外国人への災害支援」を行い，日本語学校の生徒に英語でアンケートを取り，彼らに不足していた災害に向けた準備と災害時の行動に関する情報を英語でまとめて先方に提供（プレゼン＋冊子）した生徒もいます。

3　総合的な探究の時間と「各教科で行う探究的な学習」の違い

課題発見・解決力を育むには，「探究の時間」（Project-Based Learning）と「探究的な教科学習」（Subject-Based Learning）の違いを踏まえ，両方を大切にしていくとよいでしょう。

総合的な探究の時間	各教科・科目における探究
「横断的・総合的」で，実社会や実生活の複雑な問題の解決に取り組む。答えが一つに定まらない問題を扱い，最適解や納得解を見いだす。多様な他者と協働・対話し展開する。	各教科・科目における「理解をより深める」ために，探究を重視する（探究を目指す）。扱う範囲は，科目内の「鋭角的な質」の探究。

「高等学校学習指導要領（平成30年告示）解説総合的な探究の時間編」（2019）p.10，44を参考に作成

各教科における探究的な学習は，次項から見ていきましょう。深い学びにつながります。

Tips!!

総合的な探究の時間では，教科学習よりも幅広く，「教科横断的に」「複雑な問題」に対してアプローチできる。探究指導を工夫して，課題解決的な実践に取り組んでいこう。

05 2つの型を押さえた「課題の解決」

#探究　#課題解決学習

1 「問題」と「課題」の違い

　教科や探究の授業で「課題解決」に取り組む際に，大切な2つの考えを共有しましょう。

　1つ目は，「問題」と「課題」という言葉の違いです。両者は日常生活ではあまり区別されずに使われていますが，課題解決学習においては両者を区別することが出発点となります。

❶「問題」とは

　まずは「問題」とは何でしょうか。右の図をご覧ください。車いすの方が2人います。まずは下の男性です。この方は前に進もうとしているのに階段が邪魔をして進めません。この現状に対して「目標（具体的な理想）」とは何でしょう。それは，上の女性のように，階段がスロープになり，誰もが進める状態になることでしょう。

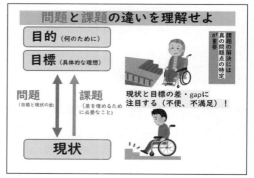

　この「目標と現状の差」（ギャップ）を「問題」と言います。この図でいうと，「進みたいのに，階段があって進めない」のが「問題」です。通常，「問題」とはネガティブな状態を指します。例えば，「部活の大会など本番前になると緊張してお腹が痛くなる」という問題を抱えている生徒もいるでしょう。

❷「課題」とは？

　次に，「現状」（進めない）と「目標」（進みたい）の差を埋めるのに必要なことは何か，どうしたら解決できるのか。これを「課題」と言います。ここでは，「段差があっても誰でも進めるようにするにはどうすればいいか」が「課題」です。両者の矢印の違いに注目してください。

❸現状と目標の「差」（不便，不満足）に注目する

　課題発見・解決学習を進めるには，現状と目標（理想）の差である「問題点」（不便や不満足な状態）は何かをまず明らかにするとよいでしょう。目標（理想）が高まれば新たな課題も生まれます。逆にいうと，「理想（目標）がないと課題意識は生じない」ということです。こ

れは，日常生活でも各組織のリーダーとしても意識しておきたいことです。

　例えば，英語の教科書で「地雷」を扱った単元で考えるならば，多くの人の努力の甲斐がありながらも世界中で毎日地雷により失われている命がまだあることが「問題」となるのです。

2　解決策は問題の「本質的な原因」によって変わる

「現状」を「目標」（理想）に引き上げる「課題」が明らかになった後も，気をつけましょう。

　多くの人は，課題が見つかれば，すぐに解決策に飛びつきたくなります。例えば，「フードロス」の問題なら，「余った野菜をジュースにして販売すればいい」などと考えがちです。

　しかし，これでは不十分です。右の図にあるように，例えば「咳が出る」という問題点を見ても，その原因が「風邪」か「花粉症」か「感染症」か「ホコリを吸ったか」で適切な解決策（処方）は異なります。つまり，「問題の本質的な原因によって解決策は異なる」のです。

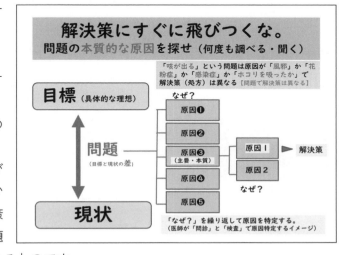

　「問題の本質的な原因」を特定するには，課題からすぐに「課題の解決策」に飛びつかず，「なぜなのか？」を繰り返して原因を特定することが必要です。ちょうど，医師が「問診」と「検査」で原因を特定していくイメージです。

　これが，探究的な学習に「情報収集」（リサーチ）が必要とされるゆえんです。問題の原因を特定するためにリサーチすることで，教科横断型の幅広い知識が身につき，ネットや図書館だけでなく，現地でのフィールドワークも含めた生の声を集め，多様な他者との協働も生まれます。さらに時間があれば，考えた解決策を「実行」して検証できると最高の学びになります。

　英語で単元末にプレゼンをする場合は，ぜひ生徒とこの２つの知識を共有してみてください。ただの「調べ学習」や「解決策のアイデア提案」というレベルから，より実りのある，責任の伴う真の課題解決力を身につける課題解決学習に高まるはずです。

> **Tips!!**
> 課題解決学習では現状と目標（理想）の差である「問題」を見つけることが一番。次に課題の解決策に飛びつかずに，問題の本質的な原因を探そう（問題の原因によって解決策は異なる）。

06 教科の授業で取り組む探究的な学習のポイント

#探究的な教科学習

1 探究

　教科の授業で「課題解決学習」を実施したいと考える際も「探究」の知見は助けになります。「探究」という語は，もともとは，「習得」や「活用」とセットの文脈で使われています（習得－活用－探究）。「活用」と「探究」は，安彦忠彦先生の『「コンピテンシー・ベース」を超える授業づくり』（図書文化）が参考になり，以下「活用Ⅰ・Ⅱ」と「探究」を整理します。

分類		特徴
活用	活用Ⅰ	①知識・技能から，活用させておく方がよいものを教師が選んで活用させる。 ②教科学習の時間に，教師主導でよい。 ③子どもにすぐわかる既存の文脈で活用させる（直前に学習した知識・技能中心）。 ④子ども全員に共通に経験させ，達成させる（経験自体がねらい）。
	活用Ⅱ	①教科学習で習得した知識・技能のうち，一部の重要なものを活用させる。 ②教科学習の一部として，教師と子どもが，半々に関わるもの。 　（ヒントを含む半誘導的なもの。総合的な学習の場合はすべて自発的なもの） ③活用の文脈自体も，子どもには新しいもの（教科を超えた生活上のものも可）。 ④全員共通に経験させるが，子どもによって，達成度は異なってもよいもの。
探究		①どんな知識・技能を活用するかは，本人しかわからない（本人が決める）。 ②教科学習に限らず，自分の全経験の中から，子ども自身が自発的に選ぶもの。 ③実生活上の問題を中心に，新しい文脈でその知識・技能を活用する。 ④個々の子どもによって何を活用しているかは別々でよい。

上掲書 p.51～55より作成（一部修正，下線は引用者による）

　以上から，これからの授業では，「内容を覚える」習得型の学習だけでなく，学んだ「知識・技能」を直接的に易しめのレベルで活用させる（活用Ⅰ），そして，やや難度が高く，教師がヒントを与える生徒主体のレベル（活用Ⅱ），さらには，完全に生徒主体で，課題も自ら立て，解決に知識・技能を総合的に使う「探究型」の学習が求められていることがわかります。

2　探究的な教科学習

　それでは，「教科の授業」で課題解決力をどう伸ばすことができるのか，より具体的に考えていきましょう（＝「探究的な教科学習」）。

　高等学校に探究的な学習が導入されたのは，世界的な教育改革の動向を反映してのことです（田中，2021）。田中（2021）によると，「探究的な学習」（Inquiry Based Learning）や，探究的な学習の元になっている「問題解決的な学習」（Problem Based Learning）は，生徒が問題や課題を発見し，その解決に向けて調査や実験，対話，討論を展開して考察し，結論を導き出してから表現や発表，振り返りにつなげていく主体的で協働的な学習であり，これが，今日では教育先進国の国々で主流の学び方になっているといいます。

　田中（上掲書）では，探究的な学習の特徴を次の10個に設定し，この中から3個から5個を授業に取り入れることで，単なる調べ学習が，深い学びとしての探究的な学習に発展していくとしています。この考え方は，探究的な教科学習へのハードルを下げてくれる秀逸なものです。

①問題意識をもち，自ら問いを設定する。	②自律的な学習を行う。
③課題解決や仮説検証を行う。	④主体的な資料の探索と検証をする。
⑤多様な学び方を学ぶ。	⑥概念化と具体化の往還をする。
⑦自己や社会と関連づけて価値づける。	⑧自己修正，自己評価，学習改善をする。
⑨自己形成，自己成長を推進する。	⑩新しい探究課題を設定する。

　例えば，上記①～⑩のうち，皆さんが教科の単元に取り入れやすそうなものはどれでしょうか。①の「自ら問いを設定する」や，③「課題解決を行う」，④「主体的な資料の探索と検証をする」などは，比較的これまでの英語授業の形を大きく変えないでも，単元の最後に数時間時間を配当することで取り組めるものかもしれません。

　教科横断で本格的に行う「総合的な探究の時間」だけでなく，次項からは，各教科の時間で，どのように上記①～⑩の「探究的な学習の要素」を取り入れて探究的な教科学習を行うのか，事例を見てみましょう。スピーキングとライティングの2つの事例をご紹介します。

> **Tips!!**
> 　探究的な学習の10個の特徴を頭に入れ，学期に1つか2つの重点単元を設け，いつもより2～3時間余分に時間を配当し，探究的な教科学習を実施してみよう。

07 探究的なスピーキング活動

#探究的な教科学習　#話すこと［やり取り・発表］　#パフォーマンステスト

1 教科書の内容を発展させた探究的な学習の例

「探究的な教科学習」として，まずはスピーキングの事例を見てみましょう。教科書を発展させたスピーキング（プレゼンテーション）で，本事例のポイントは次の3つです。

・最初に「単元末の課題」を生徒に伝えることで，単元への前向きな学習姿勢を引き出す。
・パフォーマンステストの配点を高めに設定（1回1分20点など）し，重要性を伝える。
・本番での成功を目指し，毎時間の「帯学習」と単元末の「中間発表」で改善する。

ここでご紹介するのは，汎用性の高いモデルで，どの校種・単元でも応用可能です。単元の型は，2〜5時間目の通常授業の形態に，1と6，7時間目を加えた全7時間の単元構成です。

時	活動	主な取組・内容	ねらい
1	課題との出会い	・1レッスン(全4セクション)通し読み ・単元末に課題解決発表があることを知る	・地雷の現状と問題点をつかむ ・単元の最初に課題意識をもつ
2 3 4 5	課題の学び ・課題分析・考察 ・情報収集・整理 ・発表・修正	(Section①〜④にかけて毎時間) ・内容理解（読解・語法・文法・音読） ・1分間プレゼン（リテリング＋意見） ・意見交流（2分間ディスカッション）	・単元の内容を理解する ・学び自分の言葉で語る［発表］ ・本文内容について英語で議論する［やり取り］
6	・課題解決の中間提案（リハ）	・まとめ （単語テスト・2分間リテリング・演習）	・単元全体の学びを「要約」と「意見」で2分間でプレゼンする。
7	・最終提案(本番) ・自己評価	後日テスト （定期考査・パフォーマンステスト）	・修正内容で1分プレゼンをする。 ・取組を振り返る。

木野正一郎氏実践『高等学校　探究授業の創り方』（学事出版，2021）を参考に作成

①（1時間目）まずは課題との「出会い」。1単元を「通し読み」などして読解力を鍛える。その後に，「単元末の課題解決型プレゼン」（ゴール）を伝えて関心を喚起する。

②（2〜5時間目）課題への理解を深める。本文1セクションを約1時間で読み進め，現状や問題点を探る。毎授業の最後には，その日の内容に基づき2分間のペア・ミニディスカッション（即興的な意見交流）をする。次の授業の最初は，前時までの内容で1分間リテリングをする。サマリー＋オピニオンで，単元末のパフォーマンステストの演習になる。

③（6時間目）単元のまとめでは，課題解決案の「中間発表」を行う。中間発表を設け，問題

点や修正点に気づかせることで，本番ではよりバージョンアップしたものになる。

④（7時間目）パフォーマンステスト本番です。発表後は自己の取組を振り返る。この後，自らが提案した解決方法の実行を促すなど，学びを生活や社会につなげていく。

2　生活や社会とつながるパフォーマンステスト

ここでは，「地雷」に関する単元での「探究的な教科学習」の様子をご紹介します。生徒が，教科書で学習したのは，次の内容です。「地雷の被害者が世界中にいる。日本人も地雷除去に貢献している。地雷除去は一刻を争う状況である」。

これらを踏まえて，生徒は各自で原因を探ります。問題の本質的な原因が変わると解決策も変わるからです（p.49参照）。その後，各自の課題解決策を提示します。大切なのは，他国の問題をどう「自分ごと化」するかです。それには，「被害者を自分や家族と考える」「自分との関わりやできることを考える」などが有効です。先述の通り「問題と課題の違い」を共有することも社会づくりを担う生徒に必要な知識でしょう。

この単元後，勤務校では「生徒会による地雷除去の募金活動」が立ち上がりました。教科書の学びがアクションにつながったのです。

大学入試でも環境問題が出題されています（例は2020年岡山大学の入試問題）。次の問題を20分で約100語にまとめるには，普段からの取組や思考も必要でしょう。岡山大学は SDGs に関する出題が例年あり，そうした意識をもつ生徒に入学してほしいというメッセージに思われます。

> Environmental problems are a serious issue. Recently, scientists have discovered that around one million plant and animal species are in danger of dying off. Saving them is possible, but only if we act quickly.
>
> What kind of environmental problems are causing these plants and animals to disappear? What could you do as a university student in your daily life to help save them? Write your ideas in about 10 lines in English.　　　　（模範解答は130語程度）

『2021年受験用　全国大学入試問題正解　英語（国公立大編）』旺文社，2020

Tips!!

「自ら問いを設定する」「課題解決をする」「自己や社会と関連づける」など，課題解決型の学習を学期に 1 〜 2 回取り入れることから始めよう。課題は最初に伝えて前向きな学習姿勢を誘おう。

08 探究的なライティング活動

#探究的な教科学習　#書くこと

1 「探究的な教科学習」と「探究学習」の特徴を認識

　続いて，「探究的な教科学習」の事例2として，ライティングの事例を見てみましょう。

　教科の授業で探究的な学習を行うポイントは，単元の学習に「探究的な学習のプロセス」を取り入れることでした（p.51）。教科における探究は「探究的な要素を入れることで深い学びに通じる」と気楽に考え，各学期に1〜2回，重点的な単元を設けて，探究的な学習の特徴（p.51）を複数個取り入れた単元を実施することから始めるとよいのでは，と思います。

　ここでは，ライティング活動におけるアイデア（最終的な発表成果物の一例）を紹介します。教科における探究学習はいろいろな可能性があると思っていただけたらと思います。

❶「調べ学習」タイプ—作文や発表に「リサーチやデータ」を取り入れる

　「制服がいいか私服がいいか」「自己肯定感の向上に必要なこと」「私生活の見直し」などのテーマの場合，その場で意見を書く「即興型」だけでなく，「根拠を調べてデータを取り入れる型」にも挑戦してみましょう。探究的な要素（主体的な資料の探索）が加わります。「1人1台端末」のおかげで各自が異なったテーマでの調査もしやすくなっています。

❷「課題解決提案」タイプ—SDGsの観点で課題解決策のアイデア作文

　生活や社会・世界の問題に関する単元を扱う際は，SDGsと紐づけて（＝英語授業と世界の課題とリンク），生徒が「根本原因」を探究し，それに応じた「解決策」を調べ（先行研究），さらに（できれば過去にない新しい）「解決策を提案」する活動を取り入れられます。問題を「他人ごと」にしないために「自分がすること」を宣言し，実際に行動に移すことで抽象的な話を具体的にし，意識や態度の変容（変化）が生じやすくなります。社会をよい方向に変えるには，学校教育段階から，外部との活動や自分なりの活動に取り組むことが重要です。体験することで社会活動へのハードルが下がり，今後のさらなる活動も期待できるのです。

 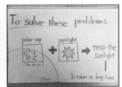  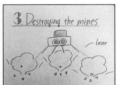

❸ 「探究学習の成果を英語で発表」タイプ―時間をかけた探究成果を校内・世界に発信

　教科の授業だけでは，課題解決に向けた探究時間の確保は十分取れないでしょう。そこで，総合的な探究の時間で時間をかけて行った（ている）各自の探究の成果を，英語の授業で発表してはどうでしょうか。英語での表現を考え，他者と学びを分かち合い，世界発信へのきっかけにもなります。すでにある内容を発表するので，準備時間もそれほど多くは必要としません。

　例えば，インバウンド観光の促進を願い，地元の観光動画を作成し，英語の字幕を付けてSNSで発信し，世界中の視聴者から改善点を伺い，改善した取組を発表した生徒もいます。

　さらに「個人」や「グループ探究」の内容だけでなく，校外の人と行う探究活動もあります。例えば，大学の留学生や日本語学校の生徒と一緒に探究したり，海外修学旅行などで現地の生徒とSDGs関連の内容で議論したりするなどです（p.45参照）。こうした本格的な探究活動の内容を英語でまとめて発表し合うことも，それを聞く他の生徒にとってよい刺激になります。

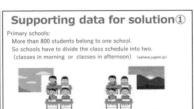 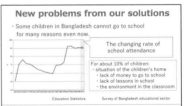

　探究的な教科学習を成功に導くためには，ふだんから英語ノート（右図）やICT端末で自分の考えを書いたり，「アイデア作文」（例「2時間でより多くのお金を稼ぐには？」）でユニークなアイデアを創出する経験に慣れたりする機会を増やすことも大切です。

| Tips!!

　「探究の要素」を加味した授業を数時間配置することから，探究的な教科学習の実践は可能。英語で表現する場合は，「出典」や説得力の高まる「論理」にも意識して取り組もう。

09 「自己選択」をサポートする家庭学習

#家庭学習 　#自律した学習者 　#自己選択

1 家庭学習における長年の課題とは

　次に「家庭学習」に視点を移して，生徒の課題発見・解決力をどう伸ばせるのかを考えてみましょう。「家庭学習」における長年の課題は，「自律した学習者」の育成です。簡単にいうと，教師がいなくても必要な目標を設定し，目標達成のために困難に負けず必要な学習を自ら粘り強く行い，自己改善を継続し，目標を達成するものです（「自己調整」と「粘り強い取組」）。変化の激しい社会で学び続け，自らのアップデートを重ねる社会人にも必要な課題です。

　夏休みなどの長期の家庭学習が難しいのはなぜでしょう。「他の人もしているから勉強する」「だらけたら誰かが声をかけてくれる」など，よい意味での「強制力」がないからです。リアルな学校には自分を支える伴走者がいますが，それがない長期休暇中の家庭学習では，自分を律する「自己マネジメント能力」が必要となるのです。特に効果的な取組を2つご紹介します。

2 事例1　生徒が自分で好きな問題集に取り組む夏課題（自己選択）

　これは，「（自分の課題の克服のために）学習内容を自己選択する」実践です。よくある夏休みの宿題は，先生が決めた同じ問題集を全員が行うものです。しかしこれにはデメリットもあります。「英語力が異なる生徒が同じ問題集を使う」「課題を与えられて受け身になる」，さらに「（解答を渡していれば）解答を写して提出する人もいる」ことです。

　こうした問題の解決策に考えたのが，「好きな問題集に取り組む夏課題」です。目的は，「やらされる学習」から「主体的な学習」への転換。そのために，「自分が伸ばしたい英語力」を生徒が考え，克服に役立つ問題集を自分で買って英語力向上につなげます（課題発見・解決型）。

　実践の手順やポイントは，次の通りです。

①生徒は自分の英語力を振り返り（定期テスト，模擬試験，英検等），「特に自分が高めたい力」は何かを考える。例えば生徒が設定したものは次の通り。「中学英語の総復習」「文法・語法の力」「長文読解力」「リスニング力（やスピーキング力）」「英検」「洋書の翻訳」。
②（大きめの）書店などで，上記に見合う問題集を自分で見て自分で購入する。
　「参考書は人と同じ。中身を見て決めてね」と内容を見ての購入を促す。「長期期間中に取

り組める量を選択」と「塾のものや，すでに取組中のものは不可」とする。

③問題集を購入する際に生徒が迷いがちなので，次の点を事前に配慮しておくとよい。

ア）参考書の種類が多くてどれが自分に合うか不明。

（⇒先輩が選んだ問題集を写真で紹介，先生に相談）

イ）人によって問題集の量が違う。（⇒目的を考えて）

ウ）自分でお金を出す必要がある。（⇒自己投資と思う）

エ）毎日進めず最後に一気にしがち。（⇒早くスタート）

オ）休み明けのテストは？（⇒学年で目指す英検準2級などを出題すると事前に伝達）

3　取組結果はいかに？

「自分で選べる夏課題について，以前の『全員同一課題』と比べてどうか」を生徒にアンケートで尋ねると，「とてもよい」が52％（89人），「どちらかと言えばよい」の42％（73人）で両者を合わせると，肯定的な評価が約95％（162人）となりました。否定的な評価は，「どちらかと言えばよくない」4％（7人）と「全然よくない」1％（1人）の合計5％（全部で8人）。自分で選ぶ課題方式は95％の生徒に好評だったと言えそうです。

では，なぜ95％もの生徒が，この取組を好意的に捉えたのでしょうか。生徒の回答から理由を探りましょう。「自分が選べるので『やらされている』感覚がなくなるのが大きい。また受験時に必要な，適切な問題集を選ぶ目を養える」「夏休みの自分用教材として長文ものをやってから，正解が続いたので成果が出たと思う。夏の課題で長文が読めるようになった」。

ここから，本取組のメリットは，「自分に合った（レベル，得意・苦手）問題集を選べる」「自分で選ぶとやる気が出る（自己選択）」「無駄のない効率的な勉強になる」ということがわかります。このように，学習内容の「自己選択」は，自ら「自己決定」して主体的でいたいという「自律性」と結びついており，学習意欲の向上に大きな役目を果たします（自律性は，「自己決定理論」の3要素の1つ。あとの2つは「有能感」と「関係性」）。

一方，否定的な意見に，「どの問題集が合うかわからない」「人によって量が違う」「毎日進められない」などの意見がありました。これらは事前に対策を検討しておくとよいでしょう。

> Tips!!
>
> 家庭学習の一部に「自ら選ぶ要素」を取り入れよう。家庭学習を支援する具体は，拙著『45の技で自学力をアップする！　英語家庭学習指導ガイドブック』（明治図書）で「成功の3原則」や生徒がやる気になる課題の具体例を確認しましょう。

10 「自己調整」をサポートする家庭学習

#家庭学習　#自己調整　# ARCS モデル

1　事例2　「自己調整」独学の成功を支援する授業とは？

　続いて，生徒が家庭学習で独学を続ける「自己調整」（や自己管理）を支援する例をご紹介します。コロナ禍での長期の臨時休業中（2020年4～5月の約2か月間）の家庭学習（独習）に関して，休校明けに高校2年生（対象120名）に調査を行い，「長期休暇中の独習の失敗と成功に法則がある」ことがわかりました。今後の長期休暇や受験勉強に応用できる知見です。

2　学習を「失敗」に導く10の要因

　休校中の独習に「失敗した」と考える要因は次の10個でした（この対策＝成功の秘訣）。

①ゲームの誘惑に負けてしまう（ゲームを極めていた／期間限定イベントの誘惑に負けた）
②学習計画がない。または，具体的でない（目標が具体的でない／途中であきらめた）
③課題を後回し（先送り）にしてしまう（後回しして，課題がどんどんたまった）
④生活習慣に問題がある（昼頃に起きていたので，数時間しか勉強できなかった）
⑤学習環境にない（机がちらかっていて集中できない／机上にゲーム機があった）
⑥休憩時間が長い（10分休憩のつもりが，スマホを見ていたら30分経過していた）
⑦勉強方法を工夫したが，うまくいかずあきらめる（アプリを工夫したが2日で辞めた）
⑧好きな教科の勉強に偏ってしまう（大半が好きな教科（世界史）で他教科まで回らない）
⑨課題の全体が把握できずやる気にならない（時々出される課題をまとめていなかった）
⑩学習内容が難しい・わからない（本を買ったが難しすぎ。解説がなく終わらせただけ）

3　学習を「成功」に導く10の工夫

　一方，学習が部分的にでも「うまくいった」と感じる生徒もいました。10の工夫です。

①「学習内容」を書き出す（翌日にすべきことを前日に決める。終わるまで寝ない）

②「学習時間」や「学習開始時刻」を決める（アラームを設定し時間通りに行う）

③「学習環境」（机上，部屋）を整える（机上に教科の物以外置かないと集中できる）

④学習の「目的や目標」を決める（ノートを30頁終わらせると思うとよく勉強できる）

⑤成功の「ご褒美」を決める（決めた学習を終えたら週末に好物／勉強した分スマホ）

⑥「継続」する仕組みをつくる（学習時間や教科をアプリに記録）

⑦「学習動画」を活用する（英単語や勉強法の動画を活用してやる気になる）

⑧「他者の力」を借りる（友達とリモート勉強会／家族に単語の出題／妹に教えて復習）

⑨飽きないように「気分転換」する（学習90分＋休憩20分／理系→文系科目を交互に）

⑩毎日の「振り返り」をする（毎日の勉強と出来事，翌日にしたいことを日記に）

4　学習意欲を高める ARCS（アークス）モデル

　さらに生徒に学習意欲を高める ARCS（アークス）モデルを紹介しました。これは，ジョン・ケラー（教育学者）が提唱し，学習意欲は次の４つに整理できるとのことです（注意，関連性，自信，満足感：詳細は右図参照）。

　このモデルは，「教師の授業づくり」でも，「生徒が学習意欲を自分で高める」のにも応用できます。「自己調整力」をもつ学習者（自己の学習過程に対して能動的に関与する学習者）に近づくきっかけやヒントを得られます。

　この ARCS モデルから取り入れたいものを生徒に尋ねると，A3（気分転換），R2（好み），C1（ゴール）の順となりました。

3－1　Attention（注意：おもしろそうだ）
　「注意」は「おもしろそうだ」「何かありそうだ」と思う側面です。好奇心を刺激したり，退屈しないように変化を加えたりするなどの工夫が効果的です。（A1 や A3 は「一過性の学習意欲」，注意を維持するために A2 などの方法も必要）。

A1：興味を引く（知覚的喚起）	□文字だけの学びでなく，視聴覚を刺激する興味のある動画を見てみる。 □眠気防止の策を練るか，睡眠をとって学習に臨む。
A2：好奇心を刺激する（探究心の喚起）	□「なぜだろう」「どうしてそうなるの」という疑問を設定して追求する。 □問題を最初に見て「答えを知りたい」という気持ちを湧かせる。
A3：マンネリを避ける（変化性）	□ときおり勉強のやり方や環境を変えて気分転換を図る。 □ダラダラやらずに学習時間を区切る。

3－2　Relevance（関連性：やりがいがありそうだ）
　関連性は，「やりがいがありそうだ」「やり価値がありそうだ」と思う側面です。学習が好きで，学習内容や活動に対して「よい結果につながりそうだ」「やり価値がありそうだ」（意義，価値）と自身とのつながりを見出すことが有効です。

R1：目標に向かう（目的志向性）	□その学習内容を得られるメリット（有用性や意義）を考える。 □主体的に取り組めるようにする。（やりがいのある目標を設定するなど）
R2：好みに合わせる（動機との一致）	□自分の得意な，やりやすい環境や方法，ペースを選ぶ（個 or 集団学習等）。 □学習自体が楽しくなる工夫をする。（友人と学習，好きな人に質問など）
R3：自分の味付けにする（親しみやすさ）	□学習内容と自分の経験やこれまでに学習したことを結び付けてみる。 □説明を自分なりの言葉で（どういうこと）言い換えてみる。

3－3　Confidence（自信：やれそうだ）
　「自信」は「やれそうだ」と思う側面です。頑張ればできるという期待が持てること，そして自分が努力したからできたと思えるかどうかなどを考えます。

C1：成功への期待感を持つ（学習要求）	□あらかじめ具体的なゴールを決めて，努力の方向性を意識する。 □できることとできないことを明確にしてゴールとのギャップを確かめる。
C2：一歩ずつ確かめて進む（成功の体験）	□他人とでなく，過去の自分との比較で，進歩を認めるようにする。 □最初はやさしいゴールで自信をつけ，頻繁な中間目標で進捗確認する。
C3：自分で制御する（コントロールの個人化）	□やり方を自分で決め，「自分の努力で成功した」と言えるようにする。 □うまくいった仲間のやり方を参考にして，自分のやり方を点検する。

3－4　Satisfaction（満足感：やってよかったな）
　「満足感」は「やってよかった」と思う側面です。ARC が「行動に至るための動機づけ」であるのに対して，S は「行動の結果から次につながる動機付け」となります。頑張った結果が無駄にならないようにすることや，褒められることが満足につながります。S1 は内発的に，S2 は外発的な満足感が得られるものです。

S1：ムダに終わらせない（自然な結果）	□努力の結果を，自分の立てた目標に基づきチェックする。 □身についたことを使ってみる（現実に生かす，他人に教える　等）。
S2：褒めて認めてもらう（肯定的な結果）	□困難を克服してできるようになった自分に何かプレゼントを考える。 □喜びを分かち合える人に励ましてもらったり，褒めてもらったりする。
S3：自分を大切にする（公平さ）	□他の人はどうかでなく，ゴールインした自分を素直に喜び，褒める。 □自分に嘘をつかず，終始一貫性を保つ（ゴールをあれこれ変えない）。

（参考）鈴木克明・美馬のゆり編著『学習意欲設計マニュアル』

Tips!!

　独習の「失敗」と「成功」要因を頭に入れ，学習意欲を高める ARCS モデルを活用しよう。生徒が長期休暇や受験勉強，さらに大学や社会でも役立つ独学力を身につける支援をしよう。

11 「生徒指導の３機能」を踏まえた人間関係づくり

#人間関係　#生徒指導

1 「授業がうまくいくクラス」と「そうでないクラス」がある理由

　ここまで見てきたような指導の工夫を機能させるものは何でしょう。一般的に，授業力に定評のある教師であっても，「授業がうまくいくクラス」と「何となく授業がやりづらいクラス」があると言います。なぜでしょうか。

　私はその答えは，「教師力に関する公式」（私見）にあると考えます。「教師力＝熱意×指導力×人間力（人間関係）」です。つまり，「熱意」や「指導力」だけでなく，「人間力」があり，人間力の中には，「生徒（たち）との人間関係」の要素も含むということです。

　教育では，「誰がどう伝えるか」「生徒にどう思われているか」「教室の空気感はどうか」など，言語化しにくい部分も重要な働きです。理論も大切ですが，感情をもつ相手には，理論だけでは実践には不十分なのです。それを機能させる人間関係などの要素も考えましょう。

　よりよい授業のために，生徒との人間関係をどうつくっていけばよいでしょうか。

2 人間関係は学期はじめからスタート

　私は，生徒との人間関係は「学期はじめが特に大切」と考え，次の２点を意識します。
①生徒の「顔と名前」をできるだけ早く覚えること

　人間関係の名著『人を動かす』でも，「名前は，当人にとってもっとも快い，もっとも大切な響きを持つことば」とされています。
②教師に「敬語」で話すこと

　学年最初の授業で，教師と「敬語」で話すよう伝えます。これにより，生徒と関係が良好なときだけでなく，関係が厳しいときにでも，一線を超えさせないことにつながります。よい関係づくりには，フラットの関係だけでなく，ある程度の規律も不可欠と考えます。

3 生徒との人間関係づくり

　生徒は，どのような先生をよい先生と思うでしょうか。少し考えてみてください。

　「自分のことを気にかけて声をかけてくれる先生」「自分ができなかったことをできるように

してくれる先生」「授業が楽しく夢中にさせてくれる先生」「やる気にさせてくれる先生」「自分を信頼し期待し続けてくれる先生」などです。

　この中でも私は特に，「生徒の夢や目標を聞いて具体的に貢献する」を意識しています。それには，授業だけでなく休憩や掃除時間を含めた個とのちょっとした対話も大切です。

　工藤・青砥（2021）は，生徒の「心理的安全」（心理的危機感の反対）を保ちつつ，生徒を自律した人間に変えていくための「3つの言葉かけ」を紹介していて参考になります。

・「どうしたの？」（何か困ったことはあるの？）
・「君はどうしたいの？」（これからどうしようと考えているの？）
・「何を支援してほしいの？」（先生に何か支援できることはある？）

4　生徒指導の3機能

　人間関係づくりにおいては，「生徒指導の3機能」について意識することも効果的です。3機能とは，①「自己決定」，②「自己存在感（自尊感情）」，③「共感的人間関係」の3つです。これを授業内外のあらゆる場面で意識的に活用すると，生徒との人間関係がよくなります。

　例えば，①の「自己決定」では，生徒がルールや責任のとれる範囲内で自分の行動を自分で選択する機会をつくります。生徒同士が話し合ってルールや課題を決定するなどです。自己選択・自己決定は，自己責任を生じさせます（中嶋洋一氏の言葉）。自分の言動に責任をもたせることにもつながるのです。

　次に，②の「自己存在感（自尊感情）」です。生徒が「自分は価値ある存在だ」と実感する場面をつくる，生徒が頑張る場面や役割を与えプラスの評価をする，教室が温かい雰囲気になるよう気を配るなどです。そのためにできることは，生徒と目を合わせる，互いのよい点を学び合う，提出物などで生徒の変化に関するコメントを書く工夫などがあります。

　最後は，③の「共感的人間関係」です。相手を大切に思う関係をつくるために，「全員参加・全員成長授業」「生徒の努力を心から喜ぶ」「失敗談で自己開示」などを行います。

　こうした3機能でよい関係を築く工夫を考えるのも，授業づくりには不可欠なのです。

> **Tips!!**
> よい授業をするためにも，生徒との良好な関係を築く工夫や努力をしよう。これも授業づくりの1つ。人間関係づくりは「生徒指導の3機能」が参考になる（人間関係づくりの詳細は，アイデア満載の拙著『改訂版　高校教師のための学級経営365日のパーフェクトガイド』をご覧ください）。

12 　毎日を振り返る自己研修と学校実践集づくり

#研修　#振り返り

1 　自己研修として簡単にできて効果的な「振り返り」とは

　最後に，「どうすれば教師力がアップするか」という，教師自身の普遍的な課題解決に向き合います。私はこの分野に関心があり，自己研修として「毎日の振り返り」を継続しています。

　具体的には，「何か新しいこと」(something new) があった日だけ，PC に記録を残します。例えば，「授業で新しいことを試してうまくいった」「生徒の反応がよかった声かけ」「（逆に）生徒の声かけに失敗したので次はこの点に注意しよう」などです。こうした記録（事柄・手順・気づき等）を書くだけで，「うまくいった理由」や「次の改善点」などに自分で気づいて自己成長につなげられるのです。まさに「書くことは考えること」です。

　最近では年間の実践記録は A4 で200～300頁になります。年度末には，書き溜めた資料を冊子に整理します。翌年以降にこの資料を読み返すと，当時の取組が具体的にわかって重宝します。さらに「学級経営」や「英語授業」「探究」など分野別にまとめて冊子化し，同僚の先生と共有すると喜んでいただけます。一部は，雑誌の論文や書籍のもとにもなっています。

2 　学校全体で実践集をつくろう

　私は上記のように，実践をその都度簡単にまとめ，それを年度末に集めると大きな財産になることに気づいて以来，「教科や学校の教師力アップにも使える」と思って勤務校の先生方と一緒に，毎年1つの研究テーマを決めて，年に1冊実践集をつくっています。

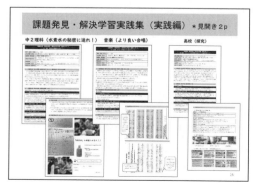

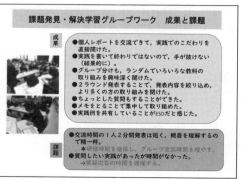

この取組の手順やポイントは，次の通りです。

①教育研究部が「研究テーマ」を決め，「理論編」と「レポート例」を作成する。
②教師個々で「理論編」を参考にしながら，研究テーマに沿った研修や授業実践を行う。
③研究授業でも同じ研究テーマで行うことで，他者の実践や協議からヒントを学ぶ。
④（12月）各自の実践からうまくいったものを1人2頁にまとめる（記名式，全員作成）。
⑤教育研究部で内容や形式をチェックし，目次をつくって冊子製本化する（授業実践集）。
⑥校内研究会で教科を超えて全員で学び合う（グループ内で各自2～3分で実践紹介）。
⑦実践集は，その後も，他校や4月に新しく赴任したメンバーとも共有する。

なお，勤務校で，これまで扱った研究テーマは，次の通りです。

・「活用型授業実践集」　・「『主体的・対話的で深い学び』実践集」　・「SDGs 授業実践集」
・「課題発見・解決学習（探究的な学習）実践集」　・「ICT 活用実践集」

いずれもその当時，教育界における重要トピックで，皆で取り組んできたものです。

3　実践集のおすすめの構成

上記の実践集づくりを成功に導くポイントの1つは，レポートの「構成（内容）」です。以下は，1人2頁で，書きやすく，読みやすい構成です（自分の振り返りもこの形式です）。

（左頁）	（右頁）
1　この取組の概要（背景・課題・ねらい） 2　取組の手順 3　留意点	左の取組に関する「ワークシート」や「活動写真」などのビジュアル資料 （読者の目を引きつけ具体的にわかる）

Tips!!

　個人の実践を振り返り，「蓄積」しよう。貴重な実践集になる。学校全体の研究として皆で実践できれば，学校の教育力は飛躍的に向上する（同じ環境で実践できる多くの取組を知れる）。

13 授業改善の質を高めるアウトプット

#研修　#発表（アウトプット）　#経験学習モデル

1 研修会や研究会で発表しよう

授業改善や教師力向上の肝は何でしょう。コルブの「経験学習モデル」が参考になります。

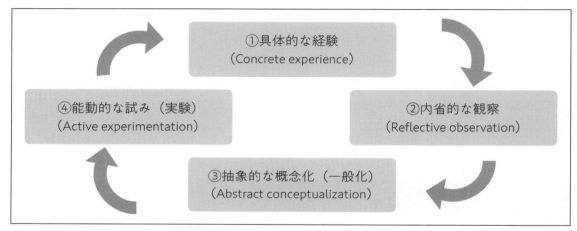

Kolb.D.A（1984）『Experimental learning』より作成

　人は，①「具体的な経験」をしてそのままにせず，②その内容を「内省」（振り返り）し，③抽象的な「教訓」を引き出して，その教訓を④「新しい状況に適応」することで学ぶ，ということです。教育という経験から深く学ぶには，「経験」だけでなく，その後に「振り返り」，何らかの教訓を積み重ね，その教訓を「活用」するプロセスが大切なのです。

　私はこの「経験学習モデル」を，生徒とも先生方とも共有しています。１回の授業や研修ですべてを学べるというより，「振り返って教訓を得る」大切さに気づかせてくれます。

　この意味でも，毎日の振り返りを通して日々の学びを蓄積し，それを年度末に整理してその後に生かすことは重要です。ただし，この作業は楽ではありません。常に忙しいからです。

　そこで，「アウトプットの場面をつくる」ことが大切です。締め切り効果を利用してまとめましょう。学校内外の先生と，対面でもオンラインでも，２〜３か月に１回でも発表機会をつくり（アウトプット），それに向けて資料化するのです。「情報は発信者に集う」という言葉があります。情報を発信することで情報の蓄積・自己成長につながるのです。

2　実践記録をためて簡易的な実践集をつくってみよう（本づくりも？）

　以下は，私がこれまでに整理（発表）した自らの実践集の内容です（学校全体の研究は p.63 参照）。これらの多くは各種研修会等での発表資料や，書籍のもととなっています。

・「楽しくて力のつく授業」10のアイデア（初めての英語授業実践集）
・「基礎・基本の力を育てる帯学習のアイデア」　・「発信力をどう育てるか」
・「本文を使った入試力の育成」　・「自学力をアップする家庭学習指導」
・「リテリング指導の体系化」　・「トリオ・ディスカッション」　・「ライティング指導」

　上記のように，研修会での発表資料や書籍のもとになったのは，先から述べている「日々の振り返りメモ」（実践記録）でした。ここでせっかくなので，どのようにして本づくりをしているのか，執筆の様子を簡単にご紹介します。初任の頃からなぜか「自分は本を書くものだ」と思って，日々の実践を記録し，資料にまとめ，来る日に備えていたような気がします（笑）。

---

①ふだんから，あるテーマについて，課題意識をもって振り返りメモを具体的に残しておく。
　（現場向けの本では，理論だけでなく，How to を含めた具体的な記述も必要とされる）
②長期休暇や年度末に，振り返りメモを整理し資料化（冊子化）する。仲間にも提供する。
　（一番よいのは，発表するアウトプットの機会があれば，締め切り効果でまとめやすい）
③書籍化の話に対応できるよう，「想定読者」や「特徴」「目次」を自分で考えておく。
④書籍化の話があれば，担当編集者と「目次（プロット）」と「モデル原稿」づくりを行う。
⑤編集会議に通ったら，書ける部分から書き進める（最初から順番通りでなくてもよい）。
⑥書きながら目次の変更が必要になることもある。さらに関連読書が必要なことも多い。
⑦締め切りまでに原稿を仕上げる。編集部は提出された原稿を印刷所に送る。
⑧編集部が校正し，著者は「著者校正」を行い，印刷所に戻す。これを二～三度繰り返す。
⑨「はじめに」や「おわりに」「参考文献」の整理などを同時並行で進める。
⑩「表紙」や「タイトル」なども決まり（編集部が中心に決定），書籍が完成する。

Tips!!

　日々の「振り返り」は，学期か年度ごとに整理しよう。発表（アウトプット）の機会を設ければ資料化は進みやすい。学び→実践→振り返り→蓄積して「学び続ける教師」になろう。

とっておきの授業エピソード

（上山晋平編）

1 「表現力に自信がつく」授業

「自分の人生に真の意味を与えた経験は？」というお題でディスカッションをした英語授業。事情を抱えていた生徒Aが英語で話した。「4ヶ月前に親とケンカをして家出した。友達の家に行って、親はすごく心配した。数時間で家に戻った。親にとても心配をかけて、もうやらないと誓った。はじめて親と真剣にケンカをして家出して、いろんな話ができて、大きな経験になった」。途中チャイムがなっても彼女の話は続いた。終了後には大きな拍手喝さい。内容のある話を、自分の言葉で堂々と人前で語る生徒。これが育てたい生徒像の1つの姿だと実感した瞬間でした。

フィリピンでの語学研修に参加した生徒Bは帰国後、「英語、いけました！ 英語でプレゼンをしましたが、英語の授業でいつもやっているショートプレゼンテーションのように人を巻き込みながらしたら、みんなすごい喜んで参加してくれました！」。授業が海外でも役立ったようでよかったです。

2 「信頼関係が育まれる」授業

授業を参観してくださる方が、時折、「感動しました。授業中にあれだけ笑顔な高校生を見たことがありません」「生徒さんに愛されていますね」「信頼関係がありますね」と伝えてくださることがあります。「授業は人間関係を築く場」と考える私にとって、とても嬉しい言葉です。

3 「授業以外でも生徒がやる気になる」授業

中学生への指導では、特に英語ノートに力を入れました。本気で英語力を伸ばすには、自学が不可欠と考えるからです。生徒Cは中学3年間で2,632頁書きました。ノート48冊、年平均で13冊。「書けば書くほど英語の勉強がわかるようになり、楽しくなった」と言います。

農家を継ぐため「英語はいらん」と言っていた英語が苦手な生徒Dは、自学に目覚め、テスト前10日間でノート60〜120頁を毎回仕上げました。保護者も涙目になる変化でした。

Chapter **3**
学習規律・授業デザイン・テストづくりアイデア

Profile **3**

宮崎貴弘 （神戸市立葺合高等学校）

大学生のとき，1冊の書籍に衝撃を受けました。書名は『だから英語は教育なんだ－心を育てる英語授業のアプローチ』です。一人暮らしをしていたワンルームの真ん中にこたつを置き，毎晩温かい紅茶を飲みながら，1頁ずつめくるのが楽しみで仕方ありませんでした。

それから中嶋洋一先生の著書を読みあさり，居ても立ってもいられなくなり，手紙を送りました。そこから，人生が大きく変わりました。英語授業研究学会で勉強させていただき，学校内外で尊敬する数々の先生方にご指導いただきました。

教員経験は，定時制高校2年（常勤講師）採用後，中学校6年，高等学校で10年目。生徒の発話や振り返りで書いた記述を分析・解釈するのが趣味。

座右の銘
転んでもただでは起きない

00 授業づくりの極意 「実践と理論の『往還』」

#授業づくり

1 授業は何を最優先に考えればよいか

　昨今，学校教育に関する改革が多々行われています。並行して，英語教育にも新たな理論や指導方法が紹介されるようになりました。昔のことに固執せず，新たな指導方法で取り組むことは大切なことだと感じています。私も，将来を見据えて，生徒に必要な力が何かを学び，その力の育成を授業でも取り入れたいと思っています。しかし，心配なことは「目新しいことに飛びつく」ように，授業に取り入れようとすることです。その理由は，「生徒」が置き去りにされた授業になりそうだからです。もちろん，どの先生方も生徒を中心に考え，授業づくりをしていると思います。ただ，授業づくりをするときに，常に忘れたくない言葉があります。

2 実践と理論の「融合」ではなく「往還」

　小見出しの言葉は，私が教員12年目に大学院に行ったとき，指導教員の吉田達弘先生（兵庫教育大学）がおっしゃっていたことです。当時，私は理論を学ぶことを優先して大学院に入学しました。そのことを見抜いてか，吉田先生から，理論と実践はそれぞれが果たす仕事は違うが，常に対等な関係であるということを教わりました。対等な関係だからこそ，教育や学びについて新しい意味解釈が生まれるということです。つまり，授業実践や教師の思いも大切ということです。

　日々授業をしながら，うまくいかないことに悩んだり，苦労したりします。その教師の思いも，生徒にとっては大切だということです。生徒のためにどうしたらいいかを考えているからこそ，悩むのだと思います。悩んだとき，研修会に参加し，書籍を読み，同僚に相談をします。そこで得たことを，そのまま授業でやってみようという気持ちは非常に大切なのですが，最初に書いた「目新しいことに飛びつく」前に，考えてみてほしいことがあります。

> 目の前の生徒を想像した上で，自分の授業に取り入れるなら，どんなアレンジが必要か。

　この「アレンジする」ことは，教師にしかできないことです。なぜなら，全国の教師の教室環境や生徒は，それぞれ異なっているからです。アレンジして取り組んでみると，当然，理論

通りではないことが起こることもあります。そのとき，理論を叩き直すことになるのです。理論と実践に優劣はなく，常にお互いを叩き直す関係であるからこそ，両者が発展していくのだと思っています。

3　授業づくりの極意とは

　小見出しは，大変恐れ多い言葉ですが，あえて私の答えを書かせてもらいます。

> 授業づくりの極意は，自己研鑽をして，目の前の生徒に合うようアレンジすることを繰り返す。

　自己研鑽については，例えば教育書を読むときは必ずペンを持ち，書き込みながら行います。何を書き込めばいいかというと，それは「自分の授業に当てはめるなら，どうアレンジしたらよいか」といったことです。この書籍で紹介されていることAをすれば，生徒はBに変容するという「指導と効果の一対一対応」はありません。教育はそれほど簡単なものではないと思っています。しかし，ときどき見えてくる教育的効果に喜びを感じます。

　また，目の前の生徒の実態を捉えることも不可欠な要素です。これは，章内でも紹介させていただいた「実践研究」が大変有益です。研究の一環なのですが，教師が日々実践をしながらできる sustainable な研究だと感じています。私はまだまだ実践研究の経験が浅いのですが，一緒に学んでいる先生方も「生徒とじっくり向き合うことで，思い込みで生徒を見ていたことに気づきました」と目から鱗が落ちる感覚になったことを語っていました。

　私が，この章で書かせていただいたことは，今まで授業実践を積み重ねてくださった先生の実践を，アレンジした上で授業実践をしてみて，学んだことをまとめたものです。そして，みなさんがアレンジできるように，できる限り簡素化したルールを提示させていただきました。また，具体例をお示しして，先生方の授業実践やテストと何が似ていて，どこが異なっているかを考えてもらえるように心がけました。

　01は授業のルールづくりの重要性，そしてみなさんとは異なっていると思われるルールを紹介します。**02**は生徒が取り組まざるを得なくなる仕組みづくりについて書きました。どのような観点で仕組みをつくればよいかまとめました。**03**と**04**は，教科書の扱いについて網羅的ではありませんが，2点ご提案をしています。**05**と**06**は話すことについての指導で考えていただきたいことを書いています。**07**と**08**は単元のゴールとも関連するパフォーマンス課題についてまとめています。ゴール次第で，授業が異なります。この章における扇の要だと勝手に考えています。**09**〜**12**はテストについて言及しています。先ほどと同じように，目指すべきところを誤ると，間違った方へ授業が逸れてしまうと考えているので，書かせていただきました。そして，最後の**13**は，授業づくりをする上で，生徒から学んだ大切なことをまとめさせていただきました。

01 最初の授業で提示する「3種類のルール」

#授業ルール

1 授業ルールで安心・安全の環境をつくる

　学級経営では，生徒が安心・安全に過ごすためのルールをつくります。同様に，授業でもルールを提示することで，生徒は安心して自己開示できるようになります。それは，クラスで共通したルールを共有するからです。赤信号のときは横断しないというルールを全員が守るから，安心して街中を歩くことができるのと同じです。

　では，どのような授業ルールを設定すればいいのか，という疑問が湧いてきます。ルールと聞くと，学習規律をつくるための躾だけを想像してしまいがちです。授業におけるルールとは，「生徒が意欲的に学び，英語力を伸ばすため」のものです。そこで，次の3つの観点で考えてみるのがおすすめです。

①英語力を伸ばすためのルール
②生徒同士の関係づくりのためのルール
③授業マネジメントのためのルール

　この3つの観点で考えると，どのようなルールが思いつくでしょうか。ノートの使い方，持ち物といったルールは，③「授業マネジメントのためのルール」に該当します。多くの教師が，生徒に提示しているのではないでしょうか。それだけではなく，英語力を伸ばすために大切だと考えていることも，ルールにしておきます。それは，英語力を高めるには時間を要するので，ルールにして継続的に取り組ませるためです。また，言葉を習う教科なので，生徒同士が安心して自己開示できる環境をつくるためでもあります。私の場合のルール（高校1年生版）を示しておきます。

❶チャイムが鳴る前に，準備運動をしておく
❷家庭での復習で英語力を高める
❸1年時は，「発音」と「即座に反応すること」を大切にする
❹友達や先生の話に，普段から適切な反応を示す
❺50分間，英語を体に吸収させるように「読み」，「聞く」

❻「たくさん話す，書く」をモットーに表現する
❼コミュニケーションでは「相手への気配り」を大切にする

2　授業ルールの体感が納得を生む

　ルールは説明しただけでは教室に浸透しません。どうすれば生徒が納得するかを考えたとき，ポイントになるのは体感させることだと気づきました。テレビで紹介されたスイーツを，実食してこそ美味しさに納得することと同じです。

　例えば，❶や❷のような英語の学習時間を増やすためのルールでは，具体的な数字を体感させます。諸説ありますが，外国語習得には約3,000時間〜5,000時間を要すると言われています。そこで，中学校・高校での6年間の学習時間を計算してもらいます。すると，1,000時間にも満たないことがわかります。そこで初めて生徒は学習時間が足りていないことに驚きます。

　また，❸の「発音」の大切さも体感させ，納得を生むことを試みます。発音は，リスニング力を高める上でも欠かせない指導です。認識している音と実際に聞こえる音のズレが小さくなると，リスニングがしやすくなります。例えば，教師が "first of all" を発音します。ほとんどの生徒は，"festival" や "fast ball" だと答えます。"I said three words." とヒントを出すと，クラスにどよめきが起きます。さらに，中学校で習う3語だと知ると，生徒は「やばい！」と言いながら，必死でもう一度聞きたがります。正しい発音が，正しい音声知覚へ導きます。

　❼の生徒の人間関係づくりをルールにすることになったきっかけは，米国国務省主催の海外派遣研修で訪れたサンディエゴの学校にあった掲示物を見たときです。"Respectful Conversations" というタイトルの下に挙げられていたルールが "Don't interrupt the speaker." "If you disagree, do it respectfully." "Make eye contact with the speaker." などでした。このようなルールは，教師が授業で大切にしたい「こだわり」でもあります。教師が理想とする教室環境と生徒の姿や表情のためには，どのようなルールが必要でしょうか。そのルールをどのように生徒に体感させるかを考えると，思わず教師の心が躍り出します。そのワクワクが，生徒にも伝わります。

> **Tips!!**
> 　生徒の英語力が伸びる教室には，ルールが徹底されています。それは，教師の「こだわり」でもあります。理想の授業に近づけるために必要なルールを考えてみましょう。

02 生徒が本気で取り組む授業デザインの鉄則

#授業デザイン

1 生徒が取り組まざるを得なくなるコツ

「もっと意欲的に活動に取り組んでほしい」。一度は，同じように思ったことがあるのではないでしょうか。生徒が意欲的に取り組まない（取り組めない）原因を考えてみると，対応策が思いつきます。その１つが，生徒が取り組まざるを得ない「枠組み」をつくることです。よい枠組みができると，いい加減にはできない「負荷」が生徒にかかります。負荷があることで，英語力を伸ばすことができます。次の観点で「枠組み」を考えてみてはどうでしょうか。

①責任を与える
②条件を設定する
③協働の場面を用意する

この３つの観点を踏まえるだけで，手抜きはできない状況がつくれます。例えば，次のような教員研修を想像してみてください。英語授業に関する研修の最初に，講師が次のように言いました。「本日の研修の最後には，一人ずつ学んだことを発表してもらいます」。単に，話を聞くだけではいられなくなりました。続けて，「学んだことは１点に絞ります。時間は30秒です。30秒経ったら，タイマーが鳴ります。話の途中でも止めていただきます。生徒の見本として，先生方にも時間を守ってもらいます」。緊張感が漂いはじめます。さらに，「全体発表の前に小グループをつくり，グループ内でリハーサルを行ってもらいます。そこでは，グループメンバーでお互いの発表内容を評価し合います。そして，修正した上で，全体で発表します」。

上記の内容には，枠組みを考える３つの観点が含まれていることに気づかれたと思います。話を聞くだけの研修とは違い，発表内容を考えながらより能動的に研修を受けるようになります。枠組みをつくることは，様々な授業の場面で活用できます。

2 本腰にならざるを得ない小テスト

授業で単語テストを実施している教師は多くいます。よくある小テストは，プリントを配付し，生徒に時間内に解答してもらいます。教師が回収し，採点した後，返却します。この小テ

ストでは手を抜く生徒や，悪い点数を取り続ける生徒が出てきたりします。授業内で時間を取っているが，教育効果が高いのか疑問を覚えることもあります。

この小テストは，指定された範囲を覚える「責任」があります。しかし，責任を果たさなくても困るのは生徒本人だけです。つまり，「自己完結」することができるのです。この小テストを次のようにしてはどうでしょうか。

単語帳の指定された範囲を週1回確認します。単語1語だけ覚えても，使えるようにはならないので，用例を覚えてもらいます。チェックの仕方は，ペアまたは4人グループで行います。生徒は，教師が言った日本語を，即座に正しい発音で答えます。どの生徒も，即座に正しく答えるごとに点数を与えます。出題は，指定した範囲からランダムに数題だけ出題し，できる限り短時間で終わるようにします。

生徒は，他の生徒が見ていることや，ペア相手やグループメンバーに迷惑をかけたくない気持ちから，練習をしてきます。口頭でチェックするので，生徒の英語力を見取ることもできます。その場でフィードバックを与え

単語帳『LEAP』について

● 英語の力を付けるには，「語彙力」が不可欠です。どれだけいい考えが思いついても，適切な単語を知らなければ，相手に伝えることは出来ません。また，文章を読むとき，未知語（意味を知らない単語）が5%以上あれば，推測することが非常に難しいと言われています。つまり，100 語の文章のうち5語以上知らない単語があった場合，意味を予想しながら読み進めることは難しいということです。語彙力があれば，自分の考えを適切に伝え，英文をどんどん読み進めることができます。

● ＿＿＿ 高校生の現状を見ていると，語彙力を伸ばし始める時期が遅いです。2年生後半から単語帳を購入し，勉強を始めています。受験当日ぎりぎりまで単語帳で単語を覚えています。想像してみてください。受験勉強は単語の勉強だけではありません。英語だけでも，長文，文法，英作文，リスニングなどの勉強が必要です。それに加えて，例えば国語（現代文・古典），地歴（日本史 or 世界史），数学（Ⅰ・A，Ⅱ・Bなど），理科（生物基礎，物理基礎，生物，物理など）を勉強します。

● この単語帳は，基礎的な語彙が掲載されています。2年前半までに確実に定着しておきます。すると，共通テストには十分対応できる語彙力が身につきます。その後は，自分の学習方法に合った単語帳で語彙力を高めてください。国公立や難関私大には，語彙力がさらに必要になるからです。そのような進学先を目指している人は，1年3学期にはさらに難易度の高い単語帳で語彙を増やし始めることを予定しています。

● LEAP を使った練習では，用例を即座に口頭で言えることをゴールとします。週1回，授業中に短時間で全員チェックします。数題出題しますので，グループ・ペア全員が正しい発音で全て言えたら合格です。グループ毎に得点を与えます。1グループ30秒以内です。不合格のグループ・ペアは，当日中までに，再テストを受けます。LEAP Basic の音声をダウンロードできます。「素材集」をダウンロードしてください。（「一問一答テスト」は有料なので注意してください。）

LEAP Basic 年間計画

Week	Part 3	チェック日	Part 4	チェック日
1		月 日( )	6月 6日(月)〜	
2			6月13日(月)〜	6月15日(水)
3		月 日( )	6月20日(月)〜	6月22日(水)
4	（終了済み）	月 日( )	6月27日(月)〜	6月29日(水)
5	4月18日(月)〜	4月20日(水)	7月11日(月)〜	月 日( )
6	4月25日(月)〜	4月27日(水)	7月18日(月)〜	月 日( )
7	5月 9日(月)〜	5月11日(水)	7月25日(月)〜	
8	5月23日(月)〜	5月25日(水)	8月 1日(月)〜	
9	5月30日(月)〜	6月1日(水)	8月 8日(月)〜	
10			8月15日(月)〜	月 日( )

られることもメリットです。例えば，生徒が間違った用例があれば，記憶に留めやすい情報を全体にシェアできます（語源，コロケーション，生徒の知っている知識と関連づける）。チェックするときは，発音やイントネーションも合格の基準にするといった条件を設定します。アプリで音声を聞ける単語帳が増えているので，音声と一緒に練習することを促すためです。

不合格になった生徒たちは，昼休みや放課後に教師のところにきて，再度小テストを受けます。ペアやグループで助け合いながら，一緒に練習をしてくるので，生徒同士の人間関係づくりにも役立ちます。また，ここでの生徒と教師のやり取りが，関係をつくる（教師は生徒を見放さないと思わせる）よい機会にもできます。

Tips!!

授業には，程よい緊張感が大切です。生徒の反応がいまいちだったとき，仕組みづくりの3観点で振り返ると，何が欠けているかが見えてきます。

03 アウトプットにつなげる教科書本文の導入

#教科書指導

1 題材の導入は何が大事か？

「教科書で扱った題材について，アウトプットができる生徒を育てたい」。その姿を描きつつも，理想と現実に大きなギャップがあると感じてしまうことがあります。この困難を打開できる方法はないでしょうか。

昨今，教科書の扱い方には，様々な指導方法（フォーカス・オン・フォーム，CLIL，ラウンド制など）があります。どのような指導法であっても，題材の導入時には「生徒が題材に関心をもつ」「もっと読みたい，話したい」と思わせる動機づけが大切です。

2 知的好奇心を高めることがポイント

生徒の学びたいという「知的好奇心」を引き出すことが1つの解決策です。知的好奇心を引き起こすやり方として，次のようなまとめがあります（波多野・稲垣, 1973）。

①子どものもつ信念や先入見の利用…子どもの間違った知識や信念を利用
②足がかりになる知識を与える…予想するのに必要な概念や法則を与え，利用させる
③既存の知識のずれに気づかせる…子どものすでにもっている情報とのずれに気づかせる

例えば，①や③を基にした題材導入は，次のようになります。旧課程の検定教科書 CROWN I（三省堂）に，アンドロイドをテーマにしたレッスンがあります。この題材は，思わず「人間とは何か」を考えさせてしまうものです。

石黒浩教授（大阪大学）はアンドロイドを研究し続けていますが，それはレッスンのタイトルである "Crossing 'the Uncanny Valley'"（不愉快な谷を越えると，肯定的な感覚が生まれる）を目指した研究であるとしています。生徒にこの uncanny valley を体感させ，題材を身近に感じさせることを試みます。つまり，「これは間違いなくロボットだよ！」という思いから，徐々に「これは人間かも……。けど……」という思いに転換していく不快な感覚を体感させます。人間とアンドロイドの境界線はどこなのでしょうか。

3　生徒が思わず考えてしまう導入例

　まずは，生徒に2つの質問を提示し，生徒に選択させます。"Have you ever seen an android? When? Where?" と "Would you like to have an android of yourself?" です。ペアで話した後，全体で意見を共有します。

　1つ目の質問では，"I've seen Pepper at a cell phone shop." の生徒の発言に，多くの生徒が頷きます。そこで教師が，"Did you talk to it?" や " What did you say to Pepper?" などを問いかけ，"What would you say if Pepper were in front of you?" と前レッスンで学んだ仮定法を織り交ぜて，やり取りをします。

　そして，話題に出た Pepper のインタビュー映像（英語）を見せます。基本的な会話はできますが，わからない質問を尋ねられると，文脈から外れた "How about a taco?" と発言する不完全さが見受けられます。大まかな内容を捉えた後，生徒に質問します。"Do you think it's more robot or human? Why?" 多くの生徒は，robot だと答えます。その理由を聞くことが大切です。生徒から出てきたのが，appearance, movement, conversation といったキーワードです。このようなやり取りをしながら，新出語句を導入しておきます。

　次に，Atlas という手足が付いているが見た目は機械のロボットが，自在に動き回る映像を見ます。細い道を歩き，最後はバク転に成功し，ガッツポーズまでします。その後，同じ質問をします。生徒の考えが揺れ動き始めているのが，生徒の回答から見てとれます。"I have mixed feelings." といった答えが出てくるのです。ロボットか人間かの判断ができない，葛藤が起こり始めます。

　生徒の中には，顔がついていないロボットでも，人間だと感じる生徒もでてきます。しかし，「どうも気持ち悪い」という感想がちらほら出てきます。生徒に，"Oh, do you think it's creepy?" と言い，creepy という重要な新出単語を導入しておきます。自分の気持ちと単語をつなげることで，記憶に残りやすくなります。

　導入最後に使う映像は，石黒浩教授とイシグロイド（見た目が石黒教授のアンドロイド）の対談です。人間同士が掛け合いをしている錯覚を起こしてしまう対談です。思わず吹き出してしまう場面もあり，人間とアンドロイドが話していることを忘れてしまうときがあります。それを見て，イシグロイドは，robot か human かを選択させると，言葉が出ないほど悩みます。

> **Tips!!**
> 　題材の導入では，生徒が疑問をもつ，教科書を読みたくなる，もっと考えたい・知りたいという気持ちが湧く内容を考えてみます。そこに，やり取りをしながら新出語句を織り交ぜます。

04 個のリーディング力を高める協働学習

#教科書指導　#読むこと

1 リーディングに協働学習を取り入れる理由

　リーディングの授業では，個人で読むこととグループで読むことを交えて行います。ヴィゴツキーの社会文化理論の概念に，「発達の最近接領域」（Zone of Proximal Development）があります。決して明確に区切れるものではありませんが，この考えには「自分ひとりではできないこと」「支援があればできること」，そして「支援がなくても，自分ひとりでできること」があります。授業における支援とは，仲間との対話，教師の支援，教材などが当てはまります。その支援を必要としなくても，自分でできるようになることを「発達」と考えています。この考え方が大変興味深いのは，他者や教材などを介して発達するということです。

2 協働的なリーディング活動にする方法

　教科書の内容理解では，読み方を学ぶために，協働学習を取り入れます。手順は次の通りです（リスニングである程度内容を確認済みです）。

①問いを提示し，「個人」で教科書を読む
②閉本し，問いの答えを「個人」で考える
③閉本したまま，グループで話し合う
④教師は机間巡視を行い，各グループに介入する
⑤開本し，グループ討議でわからなかったところを探し，グループでシェアする
⑥各グループの生徒を指名し，理解度を確認する

　グループで取り組む前の鉄則は，「個人で考えさせること」です。よく，課題を提示した後，すぐにペアやグループで話し合いを始めることがあります。この場合，英語が得意な生徒だけが発言をして，協議を進めてしまうことがあります。まずは，個人の意見や考えをもってもらうことが鉄則です。

　読む前に提示する問いは，次頁のようなものです。●が概要を捉えるために必要な問い，〇が詳細の情報，▲が推論発問です。リスニングで大まかな流れを捉えていますので，●は確認

のため，○はリスニングだけでは聞き取れなかったことの理解，▲は明示的に書かれていない内容を考えてもらいます。

　個人で読むときは，目指すべきWPM（Words Per Minute：1分で読むことができる語彙数）に沿って，時間を制限します。終了後，再度問いを提示し，心の中で答えてもらいます。このとき，教科書は閉本します。

　次にグループで話し合いをします。手間がかかりますが，机は必ずグループになるよう向かい合わせます。教室環境によって学び方が変わるように，体だけ向けた話し合いですと，文字を書くときにグループメンバーに背を向けてしまう生徒がいます。そうすると，そこで話し合いがストップしてしまうことがあります。なので，必ず机を向

```
Sec. 1  ●概要　○詳細・要点　▲推論
● When Hirata was 13 years old, what did he do?
   ○ Why did he do that?
   ○ How was others' reaction toward Hirata's plan?
   ▲ What does "Keep your feet on the ground" imply?
     (What did the people think about his plan?)
   ○ If he failed, what did he think about his failure?
● Why did he choose to go to a night high school?
   ○ Where did he work?
   ○ What was his wish? Who understood it?
● In May, 1979, what did he do? Answer 4 things.
```

かい合わせます。話し合いのルールは，Chapter 3の**13**を参考にしてください。ルールがないままの話し合いは教育効果が高まりません。私の場合は，生徒同士をつなぐ学級づくりを大きなねらいとしています。

　質問の中には，生徒がすぐに答えられないものもあります。そのときに，初めて教科書を見直してよいことにします。そうすることで，目的をもった読み直しをすることができます。

　教師は生徒の発言内容を聞き，介入していきます。"Why was it a dark night for Hirata?" といった登場人物の心情を考えないといけないときは，次のようなことを各グループに問いかけます。"Imagine you were Hirata, and you were staying in a tent alone. Someone threw stones at your tent singing a song that might make fun of Asians. How would you feel?"

　次に，教師が各グループの中から1名指名して，答えてもらいます。指名するのは，生徒の理解度を把握するためです。普段あまり発言しない生徒，理解度を確認したい生徒，以前は読むのが苦手そうだった生徒など，意図をもって指名します。

　よく理解できている解答をしたときは，生徒個人を褒めるのではなく，グループを褒めます。「お～，このグループいい話し合いをしてたんやね」のように褒めます。これは，集団を褒めることで，その一員として振る舞うことを促すためです。

　また，ここの目的は，内容を捉えられているかを確認するためなので，発表したときの間違いは，recast で気づかせることを試みるだけに留めます。この指導が，後のリテリングに生きてきます（次項参照）。

Tips!!

　グループ協議を入れたリーディングをすると，生徒同士の解釈の違いに楽しさを感じたり，自分では見逃していた部分に気づいたりします。

05 即興で表現できる力を高めるリテリング指導

#話すこと［やり取り・発表］　#リテリング

1 リテリングがゴールではない!?

　Chapter 1 で奥住先生も紹介しているリプロダクションやリテリングは，大変効果的な活動です。しかし，リテリングは単元のゴールではありません。

　新学習指導要領では，未知の状況にも対応できる力の育成を目指しています。英語科においては，目的や場面，状況に応じて，的確な理解や適切な表現，伝え合うことが求められます。適切に表現するということなので，使用する言語材料や内容は，目的や場面等に応じて自己判断し，表現することになります。

　では，教科書内容を自分の言葉で説明するリテリングは，学習指導要領が目指しているゴールと一致しているでしょうか。まず，教科書内容を生徒同士で説明するということは，内容を知っている相手に伝えるという不自然な状況です。また，教科書に書かれていることを伝えるため，内容を考える必要はありません。さらには，使用する言語材料も自分で考えるものもありますが，教科書で使われているものを使用する部分が出てきます。つまり，実際のコミュニケーション場面とは言い難い点があります。

2 リテリングは英語力を伸ばすのに効果的

　リテリングの指導は佐々木啓成先生の著書（2020）が大変勉強になります。佐々木先生もまとめておられるように，リテリングは語彙・表現の幅を広げられるといったアウトプットの効果だけではありません。生徒の理解度を診断することやリテリングに向けて再度理解し直すことで，インプットへの効果もあります。

　私のリテリングの指導例は，次のようなものです。内容理解は終えている前提です。

①話す内容を整理する（マッピング・イラストなど）
②ペア相手を何度も変えて，口頭で伝え合う
③話した内容を，短時間で書く

　特に重要なのが，②の変化のある繰り返しです（詳しくは，次項参照）。

3　リテリングを即興的な表現活動へつなげる

左頁のように指導すると，生徒は次のようなリテリングをします（高校1年生4月）。

> There are two important means of communication. They're words and pictograms. Don't you think words are better than pictograms? Most of our information comes from words. We use languages for all of our activities. For example, exchanging greetings, having discussion, and enjoying talking. But we also use pictograms. Even if you don't know the language, you can guess their meanings just by looking at them. For this reason, pictograms are used in many places. I found we were living by using the pictograms and words. （85語／55秒）

先述のように，リテリングがゴールではありませんので，次のような表現活動を行います。

右の写真は，何を示したピクトグラムだと思いますか。これは，私の最寄り駅構内で発見したものです。生徒の考えは，「ツチノコ出没，注意！」や「頭上に注意」といったものでした。

実はこのピクトグラムの下側には「鳩の糞にご注意願います」と書いてあります。生徒たちは「えー！」と，予想外の解答に驚きの声を上げます。そこで，"Do you think this pictogram is good or bad? Why?" と尋ね，1分程考える時間を与え，即興で話します。ここでは，リテリングで話せるようになったことや教科書本文にある表現を活用することができます。

既習事項を新たな場面で活用できる英語力を目指します。ゴールを高く設定することで，活動や指導方法を考えることができます。教科書を通して身につけたこととタスクに大きな乖離がありすぎると，語彙不足等も要因となり，うまく取り組めません。一方，たくさんの語彙や英文を頭に入れさえすれば，タスクでうまく取り組めるわけでもありません。身につけた言語形式をうまく活用するタスクに何度も取り組み，指導することでできるようになります。

> **Tips!!**
> 　ゴールは，リテリングができていたらOKではなく，リテリングを活用した表現活動で，「目的・場面・状況等」に応じて，適切に表現することです。

06 スピーキング力を高める指導改善＆活動アイデア

#話すこと［やり取り］

1 スピーキング指導改善前のおすすめ

　スピーキング活動での生徒の様子を見ていると，様々な問題に気づきます。例えば，語彙不足，理解できないほど英文に誤りがある，一文を発話するだけでも時間がかかるなどの問題です。

　この問題を目の当たりにして，どのような指導をすればよいか考えをめぐらせます。研修会に参加したり，書籍を手に取り，指導方法を学ぶこともあるでしょう。これらは非常に大切なことですが，私がおすすめするのは生徒の課題把握をすることです。

　これは，実践研究を経験することで気づいた有益な方法です。実践研究は，教師自身が感じる「もやもや」を体系的な方法で明らかにする研究です（田中ほか，2019）。実践研究には，「課題改善型」（What happens if ...?）を明らかにするものだけではなく，「理解型」（What's going on?）があります。特に，後者の児童・生徒や授業で起こっている現状を理解することが，意外と見落とされていることがあります。教師が考えた改善方法の効果を検証するだけでなく，生徒たちの認識を把握した上での改善策を考えてみてはどうでしょうか。

2 生徒がスピーキングで困っていること

　生徒たちの認識を把握するために，次のようなアンケートを取りました。「あなたは，即興で意見を伝える活動について，どのように捉えていますか。具体的に説明をしてください」と尋ねました。生徒たちの記述内容を分析すると，大変興味深いことがわかりました。即興で話すことがある程度できる生徒は，次のことを考えながら取り組んでいました。

```
○即興である程度流暢に発話できる生徒の共通点
  ①相手に伝えることを優先
  ②簡単な単語・表現の使用
  ③浮かんだ単語をもとに英文構築
```

　一方で，流暢に話すことが苦手な生徒（沈黙が多く見られる）にも共通点がありました。

> ●即興で流暢に発話することがあまりできない生徒
> ❶内容面に対する不安
> ❷言語使用の「正確さ」への高い意識
> ❸日本語を英語に変換

　即興で話すことが苦手な多くの生徒は，正確に言わないといけないという意識をもっていることがわかりました。また，頭の中で日本語をつくり，それを英語に直している生徒も多くいました。現状把握をした上で改善方法を考えると，多様な生徒に合った指導方法が見つかります。

3　スピーキング力を高めるために欠かせない指導

　生徒の実態に応じて，様々なスピーキング指導法があります。ここでは，どの生徒にも効果がある指導を提案させてもらいます。

　1つ目は，Task Repetition です。流暢性を高める上では欠かせない指導です。Nation & Newton (2008) は，"Repetition of an activity is a sure way of developing fluency with the particular items and sequences used in the activity." と説明してあります。Task Repetition で大切な2つの要素を挙げています。1つは，相手を変えることです。コミュニケーションの場面を想定し，内容を知っている人に何度も伝えることを避けます。2つ目は，内容はほぼ同じことを言うことです。そのときに，秒数を短くしていくと，生徒はより速く話すことを意識し，英語を自分のものとして血肉化していきます。

　2つ目は，変化ある繰り返しのためには，生徒同士の評価を取り入れることもおすすめです。漠然と話すよりも，聞き手から評価されるとなると，一層本気で取り組まざるを得なくなります。評価は，「内容がよくわかった」「所々わからないところがあったが，おおむね理解できた」「わからないところが多かった」といった3段階で評価します。そのときに大事なのは，根拠を説明させることです。点が悪い場合は，どこをどう改善すればよいかをアドバイスします。生徒がアドバイスできるようになるには，その前に教師が指導をしておく必要があります。生徒自身が，善し悪しの判断をできるように育てることが大事です。

> **Tips!!**
> 　スピーキングの指導改善は，生徒の声を聞くことが大事です。何に困っているのか，何を考えながら取り組んでいるのかがわかると必要な指導を発見できます。

07 生徒が話したくなるパフォーマンス課題

#話すこと［やり取り・発表］ #パフォーマンス課題

1 大切にしたいコミュニケーションの大前提

　パフォーマンス課題は，生徒の「思考・判断・表現」する力を育成するために必要なことです。しかし，押さえておくべきポイントを外してしまうと，せっかくの活動もあまり効果を期待できなくなります。その一例が，話すこと［やり取り・発表］におけるコミュニケーションの大前提です。

　話すときは，原稿を手に持ち，そのまま読み上げるような話し方は NG とルールにしておくことが大事です。紙を片手に持って話している限りは，英語の力はつきません。それは，コミュニケーションというよりも，音読活動だからです。かといって，「原稿を見てはいけません」と伝えるだけでは，生徒は負担に感じるだけになります。では，どうすれば紙を持たずに話すことができるのでしょうか。方法は，3つあります。

> ①原稿なしで話せるまで練習する
> ②内容を思い出すヒント（イラスト・実物・写真）を見せながら話す
> ③話したい気持ちを引き出す

　③の「話したい気持ち」が非常に大切だと考えています。例えば，感動した映画を見た後は，思わず感動を友達に伝えたくなります。また，テレビで知った「なるほど！」と思った情報や意外な噂話も，人に言いたくて仕方なくなります。そのときは，原稿がなくても饒舌に話してしまうものです。同じように，生徒が伝えたいという思いが芽生えれば，生徒は内容を伝えることに意識が働き始めます。

2 生徒が表現したくなる活動設定の条件

　では，どのような活動が，生徒の話したい気持ちをかき立てるのでしょうか。次にそのコツを示しますが，一番大切なことは，教師自身が，心が動くような魅力的な活動をつくることです。教師が，「これをすると生徒は目を輝かせて取り組みそうだ！」という気持ちになっていると，楽しさを実感する生徒が出てきます。

①考えるための「情報・知識・経験」があること
②大枠（言語活動での「場面，相手，目的，条件」）の中で生徒が自由に思考すること
③生徒に高次の思考を促し，思考を支援する教師・生徒とのインタラクションがあること
④「教師と生徒間」や「生徒間」で，必要性のある意味のやり取りがあること
⑤「違い」（情報・意見・根拠・価値観・想像・創造・経験値）を，教師も生徒も楽しむ教室の文化があること

3　生徒の豊かな発想を引き出すスピーキング活動（高校2年）

　ユニバーサルデザイン（以下 UD）の題材を扱ったレッスンです。教科書本文には，UD の原理原則と具体例が示されてありました。この活動のパフォーマンス課題は，「社会にある困難を UD で解決」です。身の回りにある問題を発見し，UD を使った改善策を提案するものです。

　ある生徒は，手の不自由な人も開けられる缶詰を提案していました。また，電車内の吊り輪について提案をした生徒もいました。授業をした当時，電車内の吊り輪の位置は一定で，人によっては届かなかったり，または低すぎて頭に当たったりといったことがありました。

　その生徒が提案したのは，高い位置にある吊り輪にボタンが付いており，それを押しながら引っ張ると長さを調節できるという案でした。「なるほど！」と思わず膝を打った内容なのですが，その後の質疑応答はさらに圧巻でした。

　ある生徒が "I think a short person can't push the button. What do you think?" と質問したところ，発表した生徒は次のように答えました。"The more universal design spreads, the less opportunities we have for communication in the city. When you see someone struggling, you can start a conversation like 'Shall I push the button for you?'" 思慮深い生徒の発想に感動を覚えました。生徒は，題材を鵜呑みにはせず，考えながら読み，自分の意見を構築しているのです。この活動には，上記の活動設定の条件が含まれています。条件を1つずつ考えて設定した活動では，生徒の発想や感受性豊かな作品に数多く出会います。すると，さらに生徒が表現したくなる活動を設定したい気持ちが湧いてきます。

Tips!!

　教師自身が「これは生徒が話したくなるだろう！」と心が動く活動を設定してみると，生徒の作品に感動を覚え，生徒への尊敬の念を抱く場面に出会います。

08 生徒が書きたくなるパフォーマンス課題

#書くこと　#パフォーマンス課題

1　生徒の価値観を引き出すライティング活動（高校1年）

　前項の「生徒が表現したくなる活動設定の条件」を取り入れた「書くこと」の課題を考えてみます。基本的には，「聞くこと」・「読むこと」と統合させます。コツの①として挙げた「考えるための『情報・知識・経験』」は，聞く・読む活動を通して得ることができます。また，生徒に調べてくることを課し，そこで得たことを考えるためのリソースとして活用させることもできます。

　心温まる教材の1つに，Charles M. Schultz（Peanuts の作者）を扱った題材があります（CROWN English Communication I（三省堂））。作者自身の幼少時代の体験が，漫画に落とし込まれているため，共感できることが多いのが特徴です。

　教科書の本文は，「野球がうまくなく，好きな子にも見向きもされないけれど，チャーリー・ブラウンは real winner である」と説明しています。それは，自分自身を卑下せず，挑戦し続けているからです。このような感動的な内容を活用し，生徒にライティングをしてもらいます。お題は，「あなたにとっての real winner は誰か。また，それはなぜか」を尋ねます。

　書く前に，生徒とインタラクションをしながら，生徒が使えそうな語彙を導入しておきます。例えば，ある漫画のキャラクターを例に出し，「real winner かどうか。また，なぜそう思うのか」をやり取りします。そうすると，生徒から real winner に必要なキーワードが出てきます。例えば，best friend, luck, efforts などです。これらの語彙が，考えるとっかかりになる生徒もいます。その上で，ライティングをしてもらいます。ある女子生徒の作品です。

> A real winner is someone who can find happiness in little things. For example, my grandmother is a real winner. She feels happy when her family says "It's delicious" about the meal she cooked. She also feels happy when her family members and her friends smile. It seems she is always happy. I think someone who can find a little happiness is better than other people. We have the power to decide what happiness is.（原文ママ）

　祖母が目を細めてみんなの食事姿を見ている姿や，祖母がいることで，家族に笑顔が溢れている様子が想像できます。そして，この作品を書いた生徒自身も，祖母のことを大切にしてい

ることが伝わるライティングです。書くことにするメリットは，お互いの作品を読み合い，文字として何度も味わえることです。p.83⑤の価値観偏差を生み出し，生徒同士が交流する場面をつくります。

2 　生徒の心の内を吐露するライティング活動（高校3年）

　高校3年生では，入試対策を行うことが多いですが，表現活動も行います。特に，受験で気持ちが不安定なときこそ表現活動を行うと，生徒は気持ちを吐露します。

　ある長文問題の題材が，"power of words" でした。そこで「あなたにとって忘れられない言葉」を思い出してもらいます。考えをまとめてもらった後，グループメンバーで意見を伝え合い，その後ライティングをします。あるグループの一人の女子生徒が涙を拭いながら話し始めました。その生徒は，次のような内容を伝えていたのでした。

> I received encouragement from my mother this morning. I have trouble studying, so I didn't want to talk with my mom and I was crying. My mother worried about me a lot and sent the LINE message, "I know you're working hard, so do not worry. You can do it." The message moved me and encouraged me. Thanks to this message, I could have self-confidence and regain my smile. Although I'm still very nervous, I decided to do my best.

　この生徒は，しばらく母親と言葉を交わしていませんでした。それは，受験勉強がうまくいっておらず，母親を心配させたくない思いが強かったからでした。

　このメッセージを受け取ったのが，たまたまその授業日の朝だったのです。彼女のそのときの不甲斐ない気持ち，母親への申し訳なさ，そして題材によって考えたことが重なり合って吐露することになったのです。

　別の女の子は「私は他の人から褒められても，素直に受け入れられないんです。だから，忘れられない言葉はありません」と言うのです。構想を練る時間中，彼女の手は一切動きませんでした。その後，グループで意見をシェアしているときも，結局何も話しませんでした。けれども，みんなでシェアしているときに，彼女の心の中で何か思い出したことがあったのでしょう。ライティングの時間になった途端，彼女の手が動き始めました。

Tips!!
　ライティングは，生徒一人ひとりの自己内対話の時間です。考えながら書くことで，生徒の心の中にあることを表現することができます。

09 　生徒の力を引き上げるインタビューテスト

#インタビューテスト

1 　インタビューテストをした方がよい理由

　生徒と一対一でインタビューテストをすると，生徒の英語力がよくわかります。生徒がどの程度英語で答えられるのか，または何に躓いているのかを理解することができます。インタビューテストで，生徒は緊張しているので，１回だけで生徒の力を正しく見取ることができるわけではありません。また，一人ひとりとインタビューテストをすると，多くの時間を要します。しかし，学級経営における個別面談と同様，インタビューテストは生徒一人ひとりの英語力をどのように伸ばすかを把握する機会にできます。

　インタビューテストは，生徒を評価するといった観点だけでは行わず，ダイナミックアセスメント（Dynamic Assessment，以下 DA）の視点で行うと，生徒の英語力を引き上げることができます。

2 　よくあるアプローチと DA のアプローチの違い

　インタビューテストと聞くと，教師が質問を次々と投げかけ，生徒が英語で解答していくことをイメージしがちです。次々に質問をして答えられたかどうか，または発話した英語の正確さで評価をすることになります。次々と質問するため，脈絡のない質問が続くことがあります。例えば，"What time did you get up this morning?" の質問の次に，"What subject do you like?" と質問することです。インタビューテストに特有の会話です。

　一方，DA のアプローチは，評価をしながら，生徒が一人ではできないことを教師が援助をして，できるように促してみるものです。具体例から見てみましょう。

　生徒が教科書に登場した人物になりきり，教師がインタビュアーとして質問をしていきます。最初は，どの生徒にも同じ質問をします。"Please tell me about your project." と尋ね，その質問に十分答えられる力があると判断したら，生徒の解答と関連ある質問をします。そのとき，

インタビューテストの実例

・What do you think the Japanese government do for ...?

・Why do you think ...?

・What can you do for ...?

Please tell me about ○○.

・Please tell me about ...?

・Did you ...?

・Do you think ...?

理由などを質問して少し難易度を上げます。途中で発話が止まったり，言い淀みで発話が続きそうにない場合，教師は生徒の様子から判断した上で援助をします。例えば，語彙が思いついていないようであれば，教師が "You mean conservation?" と言うと，"Yes, yes, yes. Conservation of nature …." と発話が再開することがあります。生徒一人では話し続けられなかったことが，教師の援助により対話を続けることができるようになります。

　難易度の高い質問に答えられる生徒には，さらに語彙レベルや内容が高度になる質問を投げかけます。例えば，"What do you think the Japanese government should do for …?" などです。ある生徒に問いかけたところ，"Because of cars, air is polluted. Even though there are electric cars right now, we don't buy them. We should sell electric cars much cheaper, so more people can buy it." と即興で発言をして，ショックを受けました。授業でここまで力があることを掴めておらず，この生徒の英語力を授業中に発揮させられていなかったからです。

　よくあるインタビューとの違いを整理すると，質問をして，答えられたかどうかで評価をして，次の質問をする形式と違い，常に生徒の力を伸ばすことを考え，援助をすればどこまでできるかを測ろうしているインタビューテストであることがわかります。さらに理解を深めるため，DA の定義を書いておきたいと思います。評価をするだけではなく，発達を促すという発想で生徒に向き合うことがコツです。

> Dynamic assessment integrates assessment and instruction into a seamless, unified activity aimed at promoting leaner development through appropriate forms of mediation that are sensitive to the individual's (or in some cases a group's) current abilities. In essence, DA is a procedure for simultaneously assessing and promoting development that takes account of the individual's (or group's) zone of proximal development (ZPD).

Lantolf & Poehner（2004）p.50

　また，インタビューテストは，評価者として質問をするだけではなく，生徒とコミュニケーションをとっていると考え，生徒の力を最大限引き出す雰囲気をつくり出すことが大切です。また，最後は生徒が発話できた実感をもって終わらせることも大切にしたいことです。詳しくは，今井裕之先生，吉田達弘先生のご著書（2007年）が大変勉強になります。

Tips!!

　インタビューテストでは，評価者としての立場だけではなく，指導者としての立場から，生徒の発達を促す支援も取り入れると，予想外の生徒の力を発見することができます。

10 活用できる英語力をつける定期テストデザイン

#定期テスト

1 定期考査のデザインはどうすればよいか？

　定期考査は生徒にとって非常に大切なものです。同様に，教師にも大切です。生徒の学習を促し，どれほど技能が身についているかを確認し，今後の指導を考えるためです。

　その定期考査について，事前に生徒に何を伝えておけばよいでしょうか。他教科でもよく目にするのが，「テスト範囲　教科書 p.5～30」といった出題範囲だけを提示したものです。これでは，生徒はどのような学習をすればよいかわかりません。つまり，好ましくない波及効果を与えかねないということです。

　次に，どのようにテストをデザインするかを考えてみたいと思います。次の3つの項目でテストを振り返ってみてください。

> ①生徒が点数を取れるように，教師が配慮を施したテスト
>
> or
>
> 　授業で生徒の力をつけ，活用できる力を測るテスト
>
> ②教師が授業で伝えたことをどれだけ覚えているかを確認するテスト
>
> or
>
> 　生徒ができるようになったことを確認し，次の指導を考えるためのテスト
>
> ③クラスや学年の平均点から全体的なテストの出来を確認するためのテスト
>
> or
>
> 　各設問のねらい（テスティング・ポイント）と照らし合わせ，今後の指導を考えるためのテスト

　各項目の前者が悪いというわけではなく，後者の考えを忘れてはいけないと考えています。つまり，授業と家庭学習で生徒に力をつけさせ，それでできるようなテスト問題にするのです。

　その上で，右のようなテスト内容を生徒に提示します。生徒が点数を取れるように，解ける問題や既習の英文をそのまま出題するだけのテストか，応用の問題を出題するが，それにも耐えうる力を生徒に身につけさせようとするテストか。この発想の違いが，テストデザインの大きな分かれ道であると考えています。

Chapter 3

次項で，実際のリスニング問題とリーディング問題を紹介します。

第1学年1学期普通科 EC I 中間考査について

＊定期考査は，授業で学んだ知識を実際のコミュニケーションにおいて活用できる技能が身についているかを確認し，今後の学習をどうするか考えるためにある。

＊今回の中間考査では，「聞くこと」と「読むこと」について出題する。

＊問題数の割合は，「聞くこと」が約40％，「読むこと」が約60％とする。

＊「聞くこと」は，約15分で5つの大問がある。

1 概要把握	1問 （1回聞き）	自己紹介を1つ聞いて，話されていないトピックを選ぶ
2 必要な情報を捉える	5問 （1回聞き）	自己紹介を1つ聞いて，正しい内容とそうでないものを答える（TF問題）
3 複数の情報から考え判断	1問 （1回聞き）	海外の友達をつくるため，3人の自己紹介を聞き，あなたの興味（問題用紙に記載されている）と一致する人を選ぶ
4 概要把握	4問 （1回聞き）	ピクトグラムに関する対話文や説明文を聞いて，正しい絵を選ぶ
5 話し手の意図を把握	3問 （2回聞き）	ピクトグラムに関する3人の議論を聞き，それぞれの話し手の意図（考え）を選ぶ

＊「読むこと」は，約35分程度で4つの大問（約40問）を解く。

6 語彙定着	10問	文章を1つ読み，空欄に適切な語句を入れる。語句は単語帳の英単語（Week1，2）から出題　　　　　　　　　　目安5分
7 教科書での学習内容確認	13問	教科書（Lesson1）で学習した事項について，本文をパラフレーズした英文中の空所に入る語句を選んだり書いたりする。また，内容に合う英文を選ぶ　　　　　　　　　　目安12分
8 複数の情報を元に考え，表現	5問	ピクトグラムが載っているポスターから，必要な情報を読み取り，英文の空所に語句を入れる　　　　　　　　　　目安5分
9 概要把握，複数の情報から考え，判断	11問	長文を2つ読む。内容に関する記述が，片方だけに記述されているものか，両方に記述されているものか，それともどちらにも記述されていないものかを答える。素早く概要を捉えて答えることが求められる　　目安13分

＊問題数や問題形式には，多少の変更がある。

＊以上のことから，定期考査に向けた勉強は，以下のようなことができる。

「聞くこと」

　○ EC サイトの自己紹介，教科書の CD を使い，トピックを掴む，また必要な情報を把握する。

　○聞き取れなかったところは，スクリプトを読み確認する。

「読むこと」

　○単語帳については，音声を聞いては口に出して，「用例」を頭に入れる。

　○教科書の CD を使いながら，Lesson1-1，2，3すべての音読練習をする。

　○授業で扱ってない Optional Reading （p.14，15）を読みながら，段落ごとの話題を把握する練習を行う。

＊「書くこと」については，テスト返却日（中間考査後の最初の授業）に出題する。

　○対策としては，授業で行った教科書内容のリテリングを練習しておく。

Tips!!

　応用問題にも耐える力を授業と家庭学習で育てようと考えると，テストづくりの発想が変わります。授業とテストをリンクさせ，活用できる力を育てます。

11 生徒が成長を実感できるリスニングテスト

#リスニングテスト

1 生徒はリスニング力が十分身についている？

　普段の授業で，「聞いたことのない英語（教科書以外の英文・ドラマや映画など）を聞く」機会をどれくらいつくっているか振り返ってみると，意外と少ないようです。ベネッセ教育総合研究所（2016）によると，「よく行っている」や「ときどき行っている」を合わせると，中学校で31.4％，高校で24％と，調査項目の中では下位の方に位置づけられています。教師の認識を見てみると，受けたい研修は話す力の指導法が一番多い一方で，聞くことの指導は４技能の中で最下位となっています。また，教員の悩みについては，「書くことの評価方法がわからない」といったことが挙がっているけれども，聞くことに関する悩みは何一つ挙げられていません。

　詳しく見てみると，リスニング指導に関係する音読，発音練習，教科書本文のリスニングは行われています。つまり，そのような指導で生徒のリスニング力を十分つけることができているといった認識があるかもしれないと解釈できます。しかし，本当に生徒は聞いたことのない英語を聞き取れる力を養えているでしょうか。

2 リスニング指導は何をして，評価はどうする

　リスニング問題に取り組ませ，答え合わせをするだけではリスニング力は伸びません。健康診断を受け続けても，健康にはならないのと同じです。リスニング指導における，日々の取組は，上に挙げられたような音読，発音練習などが該当します。しかし，それだけではリスニングはできるようにならない現実があります。理由は，聞くものによって聞き方が異なるからです。

　例えば，空港でのアナウンス，講義，電話での会話など，それぞれ聞き方が異なります。つまり，聞くスキルが異なります。指導と評価の一体化を考えると，テストでどのようなリスニング問題を出題するか（どのようなリスニング力を身につけようとしているか）によって，授業でのリスニング指導は異なります。

　例えば，高校１年の４月には，英語で自己紹介を行います。ALT の自己紹介を教材にしたり，担当英語教員の自己紹介を使ったりして，必要な情報を聞き取る練習をします。ポイントは，

すべてを聞き取るのではなく，必要な情報を聞き取ることとします。指導は，生徒の実態を把握しながら，トップダウンとボトムアップの両方からアプローチします。

　授業では，リスニングに必要なトレーニング（基礎練習）を行い，実際に何かを聞く活動を行い（練習試合），その上でテストに出題する（公式戦）流れを大切にしたいと考えています。

3　英語活用力を測るリスニング問題

　高校１年生の最初に自己紹介を使って指導したことを，テストに出題すると次のようになります。みなさんのリスニングテストと共通していること，違っていることは何でしょうか。

You are looking for a friend living abroad on an SNS site. You will listen to three people's self-introductions you are interested in. Who has most of the same interests as yours?　　　（【思・判・表】3 points）

Hi, I am a student in Fukiai High School. I like going shopping with my friends. After that, we often go to a café to have some tea and chat. I also like to watch and play sports. My family are fans of the Hanshin Tigers. We sometimes go and watch their games at Koshien Stadium. Nice to meet you.

You

Ken　　Lucy　　Daniel

1. Ken　　2. Lucy　　3. Daniel　　4. None of them.（該当者なし）

Tips!!
　リスニングのトレーニングだけではなく，リスニングのスキル指導を行うことが大事です。そして，初めて聞く内容をテストに出題し，その力を確認してみるとよいでしょう。

12 活用できる英語力をつけるリーディングテスト

#リーディングテスト

1 リーディング問題でよく議論になること

　授業で扱った教科書をそのまま出題するかどうかは，テスト作成のときによく議論になります。賛否両論が根強く，その理由は以下のことが考えられます。

〈教科書本文をそのまま出題派〉
①生徒が点数を取れるようにするため
②授業で教えたことを定着させるテスト勉強を促すため
③授業をきちんと受けてもらうため

〈教科書本文をそのまま出題しない派〉
①暗記力で解けることを避け，読解力で解いてもらうため
②読解力がどれほど身についているかを確かめるため
③受験や資格検定試験では初見の英文のため，それに慣れてもらうため

　私は，どちらの意見にも一理あると感じていますので，テストでの出題方法は，次のようにしています。

---

❶授業で扱った教科書本文は，書き換えて出題
❷授業で扱ったテキストタイプや題材に近い，初見のリーディング問題を出題
❸テスト勉強用に，Additional Reading を提供

---

　❶の形式で出題することで，生徒は授業で扱った本文を使ってテスト勉強をします。出題形式は，「知識・技能」を測るのであれば，書き換えた本文に複数の空所を用意し，そこに適切な語句を当てはめる問題を出題します。ある程度内容を知っていますが，書き換えられた本文のため，英文を読み，空所に何が入るか文脈から考える必要があります。教科書本文をそのまま使った空所問題を出題し続けると，英文を丸暗記してくる生徒が出てきます。丸暗記の効果を完全に否定はできませんが，意味を伴って記憶しているのか，高校３年になっても同じよう

な勉強方法ができるかは怪しいところがあります。

　❷は，教科書本文をそのまま出題することを避けた出題方法になります。ただ，気をつけたいことは，読みやすさ（使用語彙レベル）が適切か，授業で指導したスキルを扱っているか，授業で扱ったテキストタイプと類似したものであるかを考慮することです。❷のような英文が出題されると，生徒はテスト勉強の仕方がわからないと言い出します。そこで，❸の Additional Reading を用意します。ネットや他教科書を参考に用意して配付します。

2　英語活用力を測るリーディング問題

　教科書でピクトグラムを扱った場合のリーディング問題例です（高校１年１学期中間考査）。本来は，この問題と一緒にピクトグラムと簡単な英語で書かれた富士山に関するポスターを載せています。そこから必要な情報を探し，解答する問題です。授業で指導したことがどれだけ身についたかを確かめるときに，初見の英文で確認をします。

One weekend, you received a message on your phone from an exchange student. He seems to have some questions about climbing Mt. Fuji. Find the information from the poster (on the next page), and write a word(s) or a number in the blanks in your reply.

（【思・判・表】10 points）

Hi! I'm thinking of climbing Mt. Fuji and have some questions about it. Please tell me if you can.
My questions are:
　Is it cold at the top of Mt. Fuji?
　Can we buy bottles of water there?
　When can we start to climb it?
　Can I climb it with my 60-year-old grandfather?

Thank you for your message. I've found some information for your questions.
Yes, it is very cold. The average temperature at the top is (1). You can buy bottles of water, but it costs (2) yen. The climbing season starts in (3), so you need to wait about one more month.
The oldest climber ever was (4) years old, so I believe your grandfather can make it!
There are several trails, and the shortest one is (5) Trail. It takes around 5 hours. Good luck!

| Tips!!

　リーディングのテストは，授業で扱ったテキストを工夫することで，生徒への波及効果が高い問題をつくることができます。

13 英語授業に役立つ！生徒との接し方

#生徒指導

1 生徒との関係ができる接し方

　授業では，「この先生の授業は，真面目に取り組みたい」と生徒に思ってもらえるかが非常に大切だと考えています。みなさんも，この人の話なら聞きたいと思う方が身近にいると思います。そのように感じる人の共通点は何でしょうか。それと同じことを生徒にも心がけてみると，生徒との関係が築けます。

　1つの方法は，気にかけて声をかけることです。声をかけた分だけ関係が深まります。気にかけるとは，生徒それぞれの特徴や現状を把握して声をかけることです。例えば，「最近，調子はどう？」「疲れてそうだけど？」「けがはよくなった？」「最近，授業で意欲的に取り組んでいるね」と声をかけます。ただし，声かけの内容が，「教師による指導」というスタンスでは，関係は深まりません。生徒を人として接することを心がけます。まさに，同僚との接し方と近い接し方です。

　また，生徒の「気持ち」を代弁することで，この先生は気持ちをわかってくれると感じ，信頼してくれます。「最近，しないといけないことが多くて……」と生徒が言ったなら，「それは，しんどい時期やね」と生徒が感じていることを考え，気持ちを代弁します。また，部活動等で表彰されたときは，頑張ったねという結果を褒めるのではなく，「努力したんやね」と過程を褒めたり，「私も嬉しい」と生徒の気持ちに寄り添って喜びを伝えます。当然，指導すべきところでは指導しますが，普段から関係をつくり，「この先生の話なら聞く」と思わせられているかが勝負どころです。

　また，生徒の変化を捉え，認める・褒める言葉をかけることもよいでしょう。「以前より，話す英語のレベルが高くなっているね」や，「最初の頃は，不安そうな表情をしていたけど，今日の発表は自信に満ち溢れていたよ」のように伝えます。以前の様子と比較することで，「この先生は私のことをちゃんと見ていてくれていたんだ」と感じます。

2 生徒同士の関係づくりの仕方

　中嶋洋一先生（関西外国語大学）から，「授業づくりは学級づくり」と教わりました。4月，生徒たちのぎこちない雰囲気を見ていると，生徒同士の関係が築けていないことが大きな原因

であることを感じます。お互いの名前もわかっていない，どのような人かも知らない状況で，英語を使って表現しようという気持ちになれないのも当然です。生徒が安心して，協働しながら学習に励むと，予想以上に学力を伸ばします。

　Google によって広がった「心理的安全性」という言葉があります。Google が立ち上げたプロジェクトで，4年間を費やし「効果的なチームの特徴」を明らかにしました。そこで至った結論が，心理的安全性が圧倒的に重要ということでした。心理的安全性が高いチームでは，離職率が低く，収益率が高いと結論づけています。心理的安全性とは，「結束したチーム」ではなく，また「ヌルい職場」のことでもないと言われています。

　心理的安全性の定義は，「組織やチーム全体の成果に向けた，率直な意見，素朴な質問，そして違和感の指摘が，いつでも，誰もが気兼ねなく言えること」となっています（石井，2020, p. 2）。以下の心理的安全性の4つの因子と増やすべき行動を，授業に生かすことができそうではないでしょうか。

因子	行動
①話しやすさ	話す・聞く・相づちを打つ・報告する・目を見て報告を聞く・雑談する
②助け合い	相談する・相談に乗る・問題を見つける・自分1人では対応できないことを認める・トラブルを楽しむ・ピンチをチャンスへ変えるアイデアを出し合う・解決のためのアイデアを広く募る・個人ではなくチームの成果を考える
③挑戦	挑戦する・機会を掴む・機会をつくる・与える・試す・実験する・模索する・仮説検証・改善する・工夫する・新しいことをする・変化を歓迎する・現実のフィードバックを受け入れる・常識を疑う・失敗を歓迎する
④新奇歓迎	個性を発揮する・個性を歓迎する・強みに応じて役割を与える・常識に固執しない・ステレオタイプを避け本人の行動を見る・違いを良い悪いではなく，ただ違いとして認める

　①はペアやグループで，お互いの課題を指摘し合えたり，考えたことを隠さずに伝え合えることです。②は課題に取り組むとき，グループや生徒が建設的な意見を出し合い，解決策を考えようとする雰囲気になっている（互恵的な関係）かどうかです。③はレベルの高い課題にも，模索や試行錯誤をして取り組もうとすることです。④は多様な考えも受け入れる環境です。授業では，このような場面を意図的に用意し，行動を褒めることで授業環境をつくっていきます。

Tips!!
　生徒一人ひとりとの関係づくり，そして生徒同士の関係づくりを演出することで，学習に取り組む環境ができあがります。

とっておきの授業エピソード

（宮崎貴弘編）

1 定時制高校でディスカッション

　大学卒業後，初めて教壇に立ったのが定時制高校。最初の自己紹介中に，女子生徒から「先生ぶるな」と言われ，「格好だけでも，先生ぶらせてくれ」でスタート。アルファベットを覚えるのにも一苦労，渡したプリントはその日に完結させないと，次の時間には持ってこない，自分より年上の生徒が多数いて，中には60歳の生徒も。そんな中，3人組の英語でディスカッションに挑戦。通じ合っているような，通じていないような会話に，クラス中が大爆笑。コミュニケーションは，伝えようとすること，理解しようとすることが根幹であることを実感。生徒らは満足げに席に戻っていきました。

2 成績不振者補習での緊張感

　高校の学期終わりに，約20人の生徒を呼び，2クラスに分けて補習。担当の先生と2人で相談をして，3日間の補習内容が決定。最終日，習った文法項目を使い，とっておきエピソードを書いて，クラス間で交換。他の人のライティングを読み，内容がよく伝わったら丸のシールを貼る。手元に戻ってきたとき，シールが3つ以下の人は，再補習という無茶苦茶な活動を実施。どの生徒も必死に文法を覚える。手元に自分のライティングが戻ってくるまで悲愴な顔で待つみんな。裏で教師は生徒にバレないようシールが足りない生徒のライティングにシールを貼りまくる。緊張感いっぱいの時間。全員合格に，みんな大喜び。

3 大学受験の補習後の電話

　私学の大学入試で，前期に合格できなかった生徒6名を呼び，後期に向けて補習。その中の1人の生徒は後期も不合格。電話で連絡を受けたとき，その母親が電話を替わり，私が「すみません，私の力不足で……」と言うと，「合格，不合格よりも，こんなにも時間を割いて，いろんなことを犠牲にしてまで接してくださった先生に出会えたことが，娘の人生にとっての『財産』です」と言ってもらい，教育を忘れかけていたことを痛感。

Chapter 4

教材研究・ライティング＆スピーキングの活動アイデア

Profile 4

山岡大基 (広島大学附属中・高等学校)

高校時代，マンガ『孔雀王』に影響され，大学では宗教学が学びたいと思っていた。が，センター試験直後の阪神大震災。目の前の現実に圧倒され，少しでも「実学」を，との思いから教育学部へ。そこで「教える」ことの専門性に触れ人生が動き始める。

最初の現場は，アルバイトでの学習塾。勉強したことを実践で試し，うまく行かず悶々としては，また勉強。今思えば，ずっと「プレ教育実習」をしていたようなもの。

院生時代に私立高校で非常勤講師1年，採用試験を受け滋賀県の公立高校で4年。退職して広島大学の附属学校へ。附属校を2つ渡り歩いて18年目。

現任校では，スーパーサイエンスハイスクール（SSH）事業で，科学英語や批判的思考の指導・教材開発にも携わる。主たる関心領域は英語ライティングと学習英文法。

座右の銘
トンビだからこそタカが生める

00 授業づくりの極意「『語学』をやりましょう」

#授業づくり

1 「＋α」を追求する前に

「これからの学校」「これからの授業」「これからの教師」……。教育界は「これからの」が大好きです。未来を担っていく若者を育てるわけですから，当然といえば当然。まだ見ぬ未来を想像し，新しい時代を生き抜く力を身につけさせる。そのためには，常に意識高く前を向いていなければならない。「ICT」「探究」「SDGs」……。そうやって，学校は次々と現れる新しい教育課題に対応することを求められます。

外国語（英語）科も学校教育の一部ですので，当然，それらの教育課題に対応することは大切な任務です。しかし，その一方で，外国語（英語）科教員には，ある意味で冷酷な「結果責任」が突きつけられている現実もあります。例えば，ICTを活用してSDGsを題材に主体的・対話的で深い学びを展開し，生徒自身が課題を発見し解決していくような授業ができれば，学校での英語教育は成功と言えるのでしょうか。答えは「否」です。「その授業を通じて，生徒は英語ができるようになったか」。この基準がクリアできなければ，「英語の授業」としては失敗だと私は考えます。そのような先進的な授業が悪い，という意味ではありません。ただ，それが「成功」の十分条件ではない，ということです。「英語の授業」の本来的な教育課題は生徒の英語力を高めること。それ以外は「＋α」。それが私の基本スタンスです。

誤解のないよう急いで付け加えますが，「これから」の「＋α」など不要，と言いたいのではありません。私自身，国立附属校での経験が長いこともあって「文科省的」な研究課題とは日常的に向き合ってきています。そのため，日々の教育活動にそういった「＋α」を求めていくことの意義は十分に理解しているつもりです。しかし，「＋α」を追求すればするほど「英語」が後景に退いていく倒錯も，またよく目にするのです。

そういうわけで，私の授業づくりの理念（「極意」だなんておこがましい……）。

> ・「これから」は大切。「今・ここ」も大切に。
> ・Teaching and learning English is what an English class is about. まずは「語学」を。

2 言葉を前景化する

　「語学」をするとはどういうことか。それは，言葉を前景化するということ。言い換えれば，言葉にこだわるということ，そして，言葉以外の要素にできるだけ振り回されないということです。例えば，教材に "This picture was taken by George Parker. The photographer had always wanted to record great moments of nature." という英文があるとします。教材研究の際に「第1文はなぜ受動態なのか？ "George Parker took this picture." ではだめなのか？」あるいは「"George Parker" は，なぜ第2文で "The photographer" と言い換えられているのか？ "he" ではだめなのか？」と自問していれば，言葉が前景化していると言えます。

　つまり「George Parker とはどのような人物か？」「George Parker の写真の特徴は何か？」というのは「教材内容」に着目した問いであるのに対し，「なぜ受動態か？」「なぜ "The photographer" か？」というのは「教科内容」に着目した問いということになります。教材内容は，特定の教材に関することですが，教科内容は，どのような教材にも当てはまる汎用的なものです。授業では汎用的な力を育てるということを大切にしたいというのが私の基本的な考え方です。

　また，「コミュニケーションの真正性（authenticity）」は大切ですが，それがすべてではない，という認識も必要でしょう。現行学習指導要領になって，コミュニケーションの「目的・場面・状況」が強調されており，実際，それを意識することで学習活動の質が高まるという側面はあります。その一方で，「しょせんは教室内での学習」という割り切りもあってよいと思います。どれだけ本物に近づけても疑似は疑似。「本物っぽく」するのが難しければ，いっそのこと「疑似」を楽しむのはどうでしょうか。例えば，私は「ウソ799作文」という活動をやることがあります。「嘘八百マイナス1」ですね。ウソ・でたらめを並べたてる中に1つだけ本当のことを混ぜる，ということです。コミュニケーションでは本当のことしか言ってはいけない，とすると，「自分の家族を紹介する」というようなお題はセンシティブすぎて扱えません。しかし，"My sister is President of the United States." "We keep an elephant as a pet." くらいのでたらめを並べてもいいよ，とすると，途端に生徒のユーモアや創造性を生かす活動になります。そして，「ただし，1つだけ本当の話を入れておいてね」という条件を付けておきます。例えば "We have a pet. Its name is Pon. He is a tiger." という家族紹介の中で，「ペットの名前は『ポン』」という部分だけは本当のこと，というわけです。そうすると，聞き手は，何が本当の情報か，と考えながら集中して聞くことになりますし，話し手は，聞き手の裏をかいて，どれが本当の情報か悟られないようにカモフラージュしようと工夫を凝らすようになります。

　このような，教室外では起こりえないコミュニケーションも，教室内ならば，「クラスメイトと一緒に学習する」という必然性のもとで成立するのです。こういった「言葉遊び」も学習活動としては積極的に活用してよいと思います。

01 別の言葉に置き換えてみる教材研究

#教材研究

1 なぜ他ならぬ「その言葉」なのか

　教材研究では，忙しい中だと，早く授業の形に仕上げようとして，教材の英文の検討よりも，「どんな活動をするか」「どんなプリントをつくるか」といった「授業準備」を優先させてしまいがちです。しかし，英文そのものがしっかりと分析できると，自ずと生徒に考えさせたいことや気づいてほしいことが見えてきて，授業準備も「こんな授業をしてみようかな？」というポジティブなものになります。例えば，次の会話文が教材だとします。

　放課後，教室で1人で何か書いている Ryota に同級生の John が話しかけます。

John：Hi, Ryota. ① What's wrong?

Ryota：Oh, hi. I'm writing a speech for ② the international peace ceremony.

John：That's next month, right?

Ryota：Right. I'm going to speak as the head of the student council.

John：That's an important job!

Ryota：So I'm nervous. ③ It's hard to speak in English to the large audience.

John：④ Speaking in front of many people is scary. ⑤ But you speak good English.

Ryota：Thanks, but this is too much. John, can you help me?

John：Of course.

Ryota：So this is the first part of my speech.

John：⑥ Mmm. ⑦ This is not bad, but you could make your point clear here.
　　　⑧ I think there are too many polite remarks.

---

　① What's wrong? とありますが，なぜ "What's up?" や "What are you doing?" ではないのでしょうか？　文字には表れていませんが，おそらく Ryota が困った様子だったのでしょう。それで John が心配して声をかけているのですね。

　② the international peace ceremony では，なぜ an ではなく the なのでしょうか？　直後の John の発言に表れているように，おそらく，この学校の生徒にとっては共通理解のある行事なのでしょう。仮にこれが an international peace ceremony だったら，Ryota は，それがどのよ

うな行事かの説明を続けなければならないでしょう。

③ speak in English とありますが，speak English とは違うのでしょうか。微妙な違いですが，Ryota が困っているのは「英語」そのものというよりは「英語でスピーチすること」と言えそうです。

④ Speaking という動名詞が主語になっています。直前の③で，同じような内容を形式主語 It の構文で言っているのと何か違いがあるのでしょうか。③では，to speak in English to the large audience を文の後半にまわし，聞き手に注目してもらいたい情報（新情報）として提示しています。それに対し④では，そのことが既出の話題（旧情報）になっているため，動名詞の形で主語にして，それに対して is scary という John 自身のコメントを新たに提示する，という情報の流れをつくっています。

⑤ But と言って逆接にしているのはなぜでしょうか。Ryota が③で述べた「大勢の前で話すこと」と「英語で話すこと」のうち，前者には同意するが，後者については意見が違うということを示すためと考えられます。

⑥ここで John は何をしているのでしょうか。おそらく，Ryota が書きかけの原稿を John に手渡して，それを John が一読する，といった動作が行われていると思われます。したがって，文字の上では連続したやり取りに見えますが，実際は⑥の前後で，少し間が空いていると考えるべきでしょう。

⑦助言の表現としては，"You should...." も可能ですが，ここでは could が使われているのはなぜでしょうか。文法的には仮定法の表現で，控え目な言い方と言えます。"This is not bad, but" という前置きからも，John が Ryota への伝え方に気をつかっていることがわかります。

⑧そのように考えると，この部分も，"You're making too many polite remarks." のように，you を主語にした直接的な言い方ではなく，"there are...." という客観的な表現を選び，さらに "I think" という前置きで，より柔らかい口調にしていると考えられます。おそらく，英語のネイティブ・スピーカーである John が，友人の Ryota に対して，あまり偉そうに響かないように，慎重な話し方をしているということが，⑦や⑧の表現から見て取れます。

このように，教材研究では，一つひとつの表現について，「なぜ，ここでは，この表現が選ばれているのだろうか？」と考えてみると，いろいろなことが見えてきます。特に，検定教科書では，言語材料や紙面の都合があって，すべてが字面には表されない場合が多くあります。したがって，そのような言語化されていない状況設定を，見えている英文から読み取ることも，より重要です。

> ╭ **Tips!!** ╮
>
> 教材研究では，「なぜその言い方でなければならないのか？」を検討する。

02 　知識・技能と思考・判断・表現をつなぐイントネーション指導

#知識・技能　#思考・判断・表現

1 　イントネーションで意味が変わる

　学習指導要領では，中学校・高校とも「文における（基本的な）イントネーション」を扱うとされています。中学校では主に標準的・定型的なものを扱い，高校では，目的・場面・状況に応じた適切なイントネーションを用いることを指導するということになっています。高等学校学習指導要領では次のように述べられています（下線部は筆者による）。

> イントネーションが話し手の相手に対する興味・関心，無関心，驚きなど<u>多様な感情を表す</u>点について触れる。

　イントネーションが「多様な感情を表す」とされている点に着目したいと思います。例えば，同じ "That's true." という文でも，イントネーションによって意味が微妙に変わります。

> a）That's true.（↘）　b）That's true.（↘↗）

　a）のように下降調で言えば，「それは本当だ」と断言する感じですが，b）のように下降上昇調で言うと，「それは本当なんだけど……」というように，どこか含みがあるように響きます。
　また，イントネーションといっても文末の上げ下げだけではありません。文中のどこで音の高低を大きく動かすか（どこにイントネーションの「核 nucleus」を置くか）によっても，伝わる意味は変わります。

> 　日本の中学校の英語の授業で，新任 ALT であるアメリカ出身の Lisa と生徒が学校生活についてやり取りしています。
> 　Lisa：What do usually do after school?
> 　Miki：We have club activities.
> 　Lisa：So you finish the last class, and you go to your club activity?
> 　Miki：Ah, no. We have a class meeting and cleaning.
> 　Lisa：Cleaning?

> Takashi：Yes. We clean our classroom.
>   Lisa：Students clean their classrooms? That's great.
>   In the U.S., we didn't clean our classrooms.
>   Keiko：Who did it?
>   Lisa：Professional cleaners. Our school employed them, so the students didn't clean the rooms.

Takashi と Lisa のやり取りに着目しましょう。生徒である Takashi は

We clean our classroom.

という標準的なイントネーション（文の最後の内容語で大きく動かす）で発話するでしょう。しかし，Lisa の方はどうでしょう？　生徒に考えさせてみたいところです。話し手が特に目立たせたいところはどこか？　という視点で英文を検討させます。

　この場面では，Lisa が，生徒が教室を掃除をするという，自分の経験とは違う学校文化を印象深く感じています。そうすると，「他の人 <u>ではなく</u> 生徒たち」という対比を表すために，次のようなイントネーションを使うのではないでしょうか。

Students clean their classrooms?

　このように，イントネーションは「A <u>ではなく</u> B」という「対比」に基づいて使います。何と何を対比させるかが一文だけで決まることは少なく，それまでの文脈との関連で考える場合がほとんどです。つまり，イントネーション自体は英語という言語に関する「知識・技能」かもしれませんが，適切に使用するにはコミュニケーションの目的・場面・状況を踏まえなければならないという点で「思考・判断・表現」に大きく関わります。「この一文は，どのようなイントネーションで言うのが適切なのだろうか？」と生徒に考えさせることで，「知識・技能」が「思考・判断・表現」につながります。授業では，基礎的な練習として，ペアワークで，一人の生徒が一文を読み上げ，もう一人は，そのイントネーションを聞いて，どの情報を目立たせようとしているかを判断する，というような活動ができます。日本語でも同じようなイントネーションの使い方はありますので，それを参考にして考えさせるとよいでしょう。

> **Tips!!**
> イントネーションは，知識・技能を思考・判断・表現につなげるきっかけになる。

03 複数の事項を全体像で関連づける文法指導

#知識・技能　#文法指導

1 文法の全体像を生徒と共有

　現行学習指導要領では，旧版と比べて言語材料の学校段階別の割り当てが変わりました。中学校では，これまで高校の範囲とされてきた現在完了進行形や仮定法も教えることになりました。動詞に関わる文法は多く，中でも言語の仕組みとしての（広義の）「時制」は，現実世界の「時間」と関連しつつも別の論理で働くので，生徒にとっては難しい項目です。しかも，（狭義の）「時制」と「相」（そして「態」）の組み合わせによっていろいろなパターンができるので，いかにも複雑怪奇です。教科書ではバラバラに出てくることも，体系的な理解を妨げます。そこで，体系だった「全体像」を見せて，個々の項目がその体系のどこに位置するのかを整理してやることが大切になります。私は，時制の全体像を下図のように捉えています。

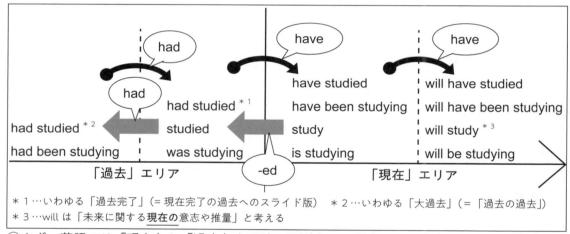

＊１…いわゆる「過去完了」（＝現在完了の過去へのスライド版）　＊２…いわゆる「大過去」（＝「過去の過去」）
＊３…will は「未来に関する現在の意志や推量」と考える

①まず，英語では「現在」と「過去」を明確に区別する。厳密には，未来のことも「現在」として表す（例：Please call me when you **get** there. における現在形の用法）。

②必要があるときは，「現在」エリアを「現在」と「未来」に分け，「過去」エリアを「過去」と「大過去」に分ける。ただし，これらの区分はそれほど強く明確ではない（「大過去」でも過去形で表したり，「未来」でも現在形で表したりする）。

③ある物事について述べる際，視点を「過去」のエリアに移すには -ed などを付けた「過去形」を使う。

④２つのエリアにまたがる物事については have（過去エリアでは had）を使う。ただし，「過

去」から「大過去」への移行も（-ed ではなく）had で示す。

⑤どのエリアにおいても，-ing 形で，ある時点で動作が継続していることを表す。

　新しい項目を導入するたびにこの図を提示し，既習事項と新出事項が全体像の中でどのように位置づくのかを理解させます。また，既習事項が増えてきて，生徒の中で知識が散らかっていると感じたときなど，折に触れてこの全体像を参照させることで，知識の整理を促します。

　このような全体像を生徒と共有しておくと，少し高度な事項に出会ったときも対応が容易になります。例えば，上述のような時制の捉え方は，仮定法の指導にも応用できます。

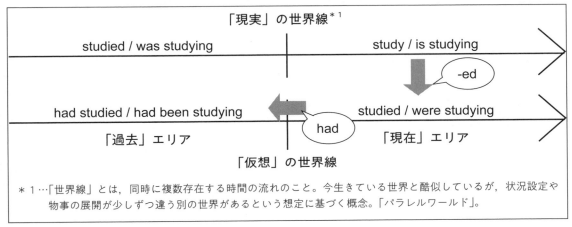

①仮定法は「現実」とは違う「仮想」の世界線での物事について述べる文法である。

②視点を「現実」の世界線から「仮想」の世界線に移すには「過去形」を使う。

③「仮想」の世界線で「現在」エリアから「過去」エリアに視点を移すには had を使う。

　すなわち，視点を移動させる際，第1段階では過去形，第2段階では had を使うと考えるわけです。過去形は「距離感」を表すと言われますが，この考え方に従えば，直説法と仮定法での，時間と動詞の形のズレが次のように統一的に説明できます。

視点の始点＝「現実」の世界線の「現在」エリア		
第1段階	「過去」エリアに移動＝過去形	「仮想」の世界線に移動＝過去形
第2段階	「大過去」エリアに移動＝過去完了形	「過去」エリアに移動＝過去完了形

Tips!!

複数の文法事項を全体像の中で関連づけることで生徒の理解を助ける。

04 転移する学力を育てる「読むこと」の発問例

#読むこと

1 What is told から How it is told へ

「指示・説明・発問」という指導言のうち，読むことでは「発問」がよく使われます。特に「内容理解」では，問いを生徒に与えることが一般的です。次の文章を例にとります。

> ①Hiroshima attracts a lot of international tourists every year. ②Two of their major destinations are the Atomic Bomb Dome and Itsukushima Shrine. ③The Atomic Bomb Dome is a historical monument full of lessons. ④It shows how a single bomb could cause the tragedies that have lasted for more than seventy years. ⑤No one could stand in front of it without being scared of the cruelty humans did to their fellow humans. ⑥Itsukushima Shrine, on the other hand, is full of joy of exploring a different culture. ⑦Its unique structures that appear to float on the water and the grand wooden gate that stands in the sea bring the visitors back to the old times. ⑧The sense of being in a foreign country with a different cultural and historical background stimulates overseas visitors' sense of wonder. ⑨These two places are within a distance of a one-day trip, so tourists can experience different aspects of Japanese history quite easily.

　例えば "What are the two main tourist destinations in Hiroshima?" "What does the Atomic Bomb Dome show to its visitors?" "How does Itsukushima Shrine attract people?" のような質問が考えられます。これらは，教材内容，つまり What is told に関する発問です。生徒の理解を確かめたり，生徒に読み取ってほしい部分を示したりするのに役立ち，いわゆる内容理解の活動には欠かせません。

　一方で，この種の発問には限界もあります。それは，「他の文章には使えない」ということです。「原爆ドーム」や「厳島神社」について問うのは，それがこの文章の話題だからです。当然ですが，違う話題の文章に対しては，これらの問いは意味をなしません。

　発問の大切な機能の1つは，「どのように読めばよいか」を生徒に示すことです。生徒が自力で問いを立てながら読む力を育てるために，「問いのお手本」を見せるわけです。生徒が，与えられた問いについて考えることで身につけた力を，他の文章を読むときに発揮することができれば，その発問は成功です。発問の目的は「転移する学力」を育てることなのです。

　では，"What is told" を問う発問の限界を乗り越え，「転移する学力」を育てるにはどうすればよいか。それは，"How it is told" に着目することだと私は考えます。例えば，「この文章の構成は，【時系列】【列挙】【対比・対照】【問題解決】のどれですか？」と問うことができます。答えは【対比・対照】ですが，判断の根拠としては，次のような点が挙げられます。

> ・第 2 文で Two of their major destinations と述べた後，2 つの場所を紹介していること
> ・第 6 文で on the other hand というディスコース・マーカーが用いられていること
> ・内容の面で，前半は深刻な話，後半は楽しい話が述べられていること

　また，文章構成が【対比・対照】であるとわかるメリットは，よく理解できない部分があっても，対比されている部分から，おおよその内容が推測できるようになることです。例えば第 8 文で sense of wonder とは何かわからなくても，原爆ドームの深刻な話と対照的な内容が述べられていると考えれば，よい意味のことを述べているらしい，と見当がつけられます。
　さらに，「なぜ筆者は【対比・対照】の文章構成を選んだのでしょうか？」と問いを進めます。そうすると，説明文における「問いと答え」の関係に当てはめると，第 1 文が「問い（なぜ広島には海外からの旅行客が多いのか）」で，第 9 文が「答え（歴史の違った側面を容易に経験できるから）」になっている，という論理構造が見えてきます。
　「文章全体の構成を捉える」というのは，他の文章にも使える読み方です。あることがらを述べるのに「どのように述べるか」というのは，個々の文章を超えて，英語という言語に共通の知識です。授業では，そういった知識（教科内容）にアクセスすることを心がけます。他にも，「この文章はいくつに分けることができますか？」「抽象と具体（原因と結果）の関係になっているのはどこですか？」「この 2 文の関係は，順接・逆接のどちらですか？」といった発問も，他に応用の利く問いです。
　「転移する学力」を目指す指導では，「指示」の活用が有効です。いきなり発問すると生徒が難しく感じる場合，まず具体的な作業を指示します。いろいろな教材で応用が利くのは「数えなさい」や「分けなさい」です。上例の場合，「ポジティブな意味の言葉には〇印を，ネガティブな意味の言葉には△印をつけなさい」と指示します。そうすると，前半は△，後半は〇が多くなります。これで，文章の対比・対照の構成が視覚的につかみやすくなります。深い学習内容だからこそ，入り口は入りやすくしてあげたいものです。

　⌐ **Tips!!** ⌐

　「転移する学力」を育てるのが発問。生徒が自分で立てる問いの「お手本」となるように発問をつくる。発問だけでなく指示の活用が効果的な場合も。

05 「読むこと」に連動した「書くこと」の活動「視写」

#知識・技能　#書くこと

1　意外とやっている視写

　「書くこと」の活動というと，入門期では「文字学習」，少し進むと自己紹介などに始まる「自己表現」，高校入試・大学入試では「和文英訳」と「自由英作文」，といったイメージではないでしょうか。しかし，教室での授業を思い起こしてみると，それら以外の「書くこと」が，意外と多いことに気づきます。代表的なのは「板書をノートに写すこと」でしょう。多くの場合，教師は，生徒にノートに書き残しておいてほしい内容を，書き写しやすいように板書します。つまり，生徒からすると，「書かれたことを見て，そのまま書き写す」という学習活動をすることになります。「見てそのまま書き写す」。これを「視写」と呼びます。視写は，文字の学習でもなければ，自己表現でもありません。しかし，間違いなく「書くこと」の活動です。より詳しく言うと，「読むこと」と連動した「書くこと」です。

2　単純だが効果的

　視写という活動は，見た目は単純ですが，意外と生徒にとっては負荷がかかります。試しに教科書の未習課の本文を視写させてみるとわかりますが，スペリングミスや単語の書きもらしが起こります。コピー機のように，目に映ったものをそのまま再現するわけではなく，読み取った内容をいったん自分の中で処理してから書くので，読み取りの段階で正確に理解できていないと，エラーが発生しやすいのです。

　負荷がかかるということは，学習効果もあるということ。積極的な学習活動として活用したいところです。例えば，次のようなやり方で教科書の1頁をノート等に視写させます。

・できるだけ速く書くように指示する
・黒板にタイマー等で経過時間を示しておく
・生徒は書き終わったら各自でタイマーを確認し，タイムを記録する（あるいは，1分あたりの語数に換算する）
・全員が終了後，生徒同士で視写したものを交換して誤りがないかチェックする

　このような活動を繰り返すうちに，徐々に，より速く，より正確に視写することができるようになることを目指します。

　また，音読しながら視写をする「音読筆写」という方法もあります。これは，文を視写する際に，一つひとつの音節を発音しながら書くやり方です。文字を書きながら音声化するので，スペリングと発音の対応を身につけるのに効果的です。ただし，当たり前ですが，正しい発音で音読できるようにする指導は必要です。

　このように書くと，視写は初学者向けの学習活動と思われるかもしれませんが，より学習の進んだ段階でも効果的です。例えば，校外の英作文コンテストに応募する際，過去の受賞作品を視写します。語数や文数等の文章の「サイズ感」や，序論・本論・結論それぞれでの表現の工夫など，読むだけよりも視写する方が，いろいろなことに気づきやすくなります。

　また，大学入試の自由英作文では，経済や科学技術など，必ずしも教科書では十分に扱われていないようなトピックについて書くことが求められます。知っている範囲の英語をやりくりして書くことも大切ですが，やはり，そのトピックに特有の語彙や典型的な言い回しは知っておいた方が，よりスムーズに，より自然な英文を書くことができます。例えば「遺伝子操作」は "gene manipulation" を知っていれば一言で表現できますし，"it is cost-effective"「コスパがよい」という言い回しを知っていれば，いろいろな話題に応用できます。私は，大学入試で問われそうな話題について100～200語程度の英文を50本ほど書き下ろし，『視写の書』というオリジナル教材にまとめました。授業では1回に1本ずつ視写させ，生徒がトピック特有の語彙や言い回しを覚えたり，文と文のつなぎ方を身につけたりできるようにしています。

3　留意点

　視写のスピードを上げようと思うと，1語見て1語写して……とするよりも，句や節の単位で覚えてからまとめて書く方が効率的です。また，プリント左側（上側）の英文を右側（下側）に写すよりも，プリントの表面の英文を裏面に写す方が負荷が高くなります。やみくもに「写しなさい」と指示するよりも，そのような点に注意して学習するように指導することが大切です。

　また，生徒の学習上の特性によっては，左側の英文を右側に書き写そうとすると難しいが，左右を入れ替えたり上下にしたりするとやりやすくなる，といった場合もあります。単純な活動であるぶん，生徒の様子をよく観察して，適切に支援したいところです。

> **Tips!!**
>
> 視写は単純だが負荷があって効果的。生徒の習熟度に合わせて活用することができる。

06 「視写」から「書き換え」へ—創造的な英語使用のステップ

#知識・技能　#書くこと

1　書き加え

　視写に慣れてきたら，より自由な表現への「離陸」を図ります。まずは，教科書の英文に新しい語句や文を付け加える「書き加え」です。次の会話文を例にとります。

　中学生の Miki が，ALT の Lisa に英語の学習について相談している場面。

Miki：I'd like to read an English book during the summer vacation.

Lisa：That's a good idea.

Miki：But many English books are too difficult for me.

Lisa：How about reading a retold version?

　　　You can read popular stories in easier English.

Miki：Thank you. I will try that.

　視写と合わせて，上の各行の前か後に，それぞれ一文ずつ，生徒が自分で考えたオリジナルの英文を付け足してみる，という活動をします。例えば，次のようなことです。

Miki：I like English. I'd like to read an English book during the summer vacation.

Lisa：That's a good idea. You can learn English and it is also fun.

＊下線部が付け足した英文

　この活動では，すでに与えられた文脈に付け足すだけなので，最初から全文を創作するよりもアイデアが出て書きやすいというメリットがあります。また，どのような英文を付け足すかに生徒の個性が表れるので，生徒同士お互いの作品を読みたいという欲求が生まれ，授業での交流につながります。また，その場合も，どの作品も大枠が共通しているので，まったくの創作よりも，読んだり聞いたりして理解するのが容易です。

2　書き換え

　もとの英文を書き換える，より「創作」に近い活動もできます。例えば Miki の相談に対し，Lisa が，"I know what you mean." と応じたら，会話はどのように展開するでしょうか。

> Miki：But many English books are too difficult for me.
> Lisa：I know what you mean. <u>I can speak some Japanese, but it is still difficult to read books in Japanese. So I read books for very young children. They are easy enough for me. Oh, how about reading a retold version of your favorite story?</u>

　もとの英文を活用しつつ，既習の表現を使って，新たな会話の展開をつくることができます。また，Miki が "retold" を理解できなかったとしたら，Lisa はどう応じるでしょうか？

> Lisa：How about reading a retold version?
> Miki：What is "a retold version"?
> Lisa：<u>Sometimes the original story is too difficult for children or learners of English. So many popular stories have other versions that are written in simpler English. They are called "retold versions."</u>

　少しハードルが上がって，物事を説明する練習になりました。
　ここで示した英文は，活動が目指すところを理解していただくためのモデルであって，生徒が書く英文は，もっと拙いものになるでしょう。ただ，教師が上手なモデルを見せることで，生徒は最終的な到達目標が具体的にわかります。上手な英文がつくれないからといって創作要素のある活動を避けていると，生徒はいつまでも英語を自分の言葉として使えるようになりません。拙い英語でも，日本語交じりの英語でもかまわないので，「この状況で，あなただったらどう言う？」と，まずは考えさせてみるとよいと思います。それが，「与えられた英語をそのまま処理する学習」から「自分自身が言いたいことを英語で表現する学習」への橋渡しになります。その上で，「拙い英語でしか言えなかったこと」「英語で言いたくても言えなかったこと」を取り上げてフィードバックすれば，生徒のニーズに即応した指導になります。

> **Tips!!**
> 視写から書き加え・書き換えと段階的に発展させて，自由な言語使用につなげる。

07 英作文活動アイデア「文脈移植」

#知識・技能　#書くこと

1　「三題噺」風英作文

　「書き加え」「書き換え」は，もとの英文の文脈はおおむね残して，部分的な表現を操作する活動でした。それに対して，表現だけを残し，それをまったく新しい文脈に「移植」する活動もあります。

　落語家の見せる芸の１つに「三題噺」があります。客席から３つ，ランダムなお題を募って，それらがすべて含まれるようなお話を即興で創作して演じる，というものです。例えば，「消しゴム」「草原」「支配人」のように，一見何の関連もないようなお題を一貫した物語に編み上げ，きっちりと聴衆を笑わせるのです。この手順を英語授業に応用します。例えば，教科書の会話文から，

I'm not good at _____. ／ Please show me. ／ It worked.

という３つの表現を選び，板書します。生徒はペアもしくはトリオになって会話をします。その会話の中で，これら３つの表現を必ず使うようにします。誰がどの表現を使っても，どの順序で使ってもよいが，３つの表現を使いきるまでは会話をやめてはいけない，というルールにします（私の授業では，起立して会話し，会話を終えることができたら着席する，という約束にしています）。そうすると，例えば，次のような会話ができます。

A：I'm not good at soccer.

B：Really? I can't believe it. Please show me.

A：（ボールを蹴るふり）

B：Mmm. Why don't you use your left foot like this?（ボールを蹴るふり）

A：（ボールを蹴るふり）It worked! Thank you!

　教科書とは完全に違う文脈になっていますが，所定の表現は自然におさまっています。即興会話が難しければ，ペーパーチャットや，一人でお話を創作することもできます。

　また，高校では新出語句が多く，授業でも語彙学習をカバーしてあげることが，より重要になります。私は，長文教材の重要語句を英和対照でリストアップした何の変哲もないプリントを使って，この「三題噺」活動を行います。よくやるのはペアワークで，ペアの片方が，語句

リストからランダムでいくつか語句を選び，もう片方が，それらの語句を使って即興のスピーチやストーリーをつくる，というものです。「単語は文脈の中で覚えるべし」とはよく言われますが，もとの文脈がないと思い出せないとしたら，それはそれで問題です。かといってリスト学習だけでは無味乾燥で面白くないので，やはり定着しにくい。そこで，覚えたい語句を，自分でつくった別の文脈に「移植」することで定着を図ろう，ということです。

2　AND-BUT-SO 英作文

「文脈移植」活動をもう１例。教科書から抜き出した一文を下表の「フォーマット」に入れます。例えば，"I want to see the Statue of Liberty." を冒頭に入れます（パターン１）。

フォーマット	パターン1	パターン2
_____.	I want to see the Statue of Liberty.	_____.
And_____.	And _____.	And _____.
But_____.	But _____.	But I want to see the Statue of Liberty.
So,_____.	So, _____.	So, _____.

その上で，この一文につながるように，"And.... But.... So...." と３文をつくり，１つのまとまりのある文章にします。例えば，

"I want to see the Statue of Liberty. **And** I want to see a musical, too. **But** we do not have enough time for doing both. **So**, we will go to the Statue or Liberty and Central Park." のようにすることができます。

英文を入れるスロットを変えれば，また違った文章になります。But のスロットに入れると（パターン２），この英文につながるように，前の文をつくることになります。このように，教材の中の一文をきっかけにして，まとまりのある文章を書いたり話したりする練習ができます。

これらの活動は一種の自由英作文です。パラグラフ単位で書くとなると，やや手間がかかりますが，こういった文や語句の単位での自由英作文は，授業に取り入れやすいと思います。

> **Tips!!**
>
> 教材の言語材料を別の文脈に「移植」することで，創造的な活動の中で定着を図る。

08 一瞬を切り取る「スローモーション描写」

#思考・判断・表現 #書くこと

1 描写の密度を上げる

　夏休みの「絵日記」や，学校行事の後の振り返り作文で，生徒に経験談を書かせることがあります。できごとの描写が求められる課題ですが，淡々とした事実の羅列に終わってしまい，情景が浮かばない文章になってしまうことが少なくありません。そこで，情景が伝わる描写の仕方を練習させます。1つのコツは，「描写の密度を上げる」ことです。

　例えば，教師が「教卓の上にあるペンを無造作に持ち上げて胸ポケットに入れる」という動作をして見せます。そして，「今，私は何をしましたか？」と生徒に問います。すると，多くの場合は「ペンをポケットに入れた」というような答えが返ってくるでしょう。そうしたら，「そうだね。でも，同じ動作をもう一度やってみるから，もっと詳しく説明してくれる？」と言って，再度，同じ動作をして見せます。

　そうすると，今度は「赤ペンを持ち上げて胸ポケットに入れた」など，少し情報量が増えた答えが出てくるでしょう。それでも，「まだ足りない。もっと詳しく！」などと言って，また同じ動作をして見せます。そうするうちに，「これ以上何を言えばいいのか？」と生徒が困った顔を見せ始めたタイミングで，教師が例を示します。

> 　山岡は視線を教卓に落とした。そこに，何かが置いてあることに気づいた。それは，赤ペンであった。100均で10本セットで売っているような，何の変哲もない赤ペンだ。山岡は思い出した。そうだ，さっき黒ペンを取り出したときに誤って落としてしまったのだ。この後，小テストの採点をするから，この赤ペンは必要だ。持って帰らないと。そう思った山岡は，右手をゆっくりと動かして，親指・人差し指・中指の3本の指で赤ペンをつまみ上げ，そのまま左胸のポケットまで運んだ。今度は落ちないように，クリップをポケットに挟んだ。そして，山岡は視線を上げ，生徒の方を向いた。

　「なるほど！」という顔をする生徒，「えーっ！ずるい！」と言う生徒，いろいろいるでしょう。ただ，同じ情景でも，細分化したり人物の心情を述べたりすると，生き生きとした描写になるということは理解してくれると思います。

2　形容詞・副詞を避ける

　描写の質を上げるもう１つのコツは，「形容詞・副詞に頼らない」ことです。例えば，「テニス部の試合でライバル校に勝って嬉しかった」という内容のとき，"I was happy we won the game." では，嬉しさが伝わりません。形容詞や副詞は，基本的に，ある人が経験したことを後から振り返って整理したときに，その経験に対して付けるラベルのようなものです。ですから，経験した本人にとっては happy で十分なのですが，その経験を共有していない読み手からすると，書き手が happy と感じるに至った経緯や，happy の程度がわかりません。「そうか，この人は happy だったのだな」とは理解できますが，「そりゃあ，たしかに happy だね！」という共感はしにくいのです。

　では，どうすればよいか。１のコツと似ているのですが，できるだけ具体的な動作や事物を描写するのです。

> I wiped my sweat off my hand. I looked at the opponent players. They were looking at me, too. I took a deep breath. I felt my ball in my hand. I threw up the ball and hit it with all my strength. The ball went over the net, hit the ground and bounced, and it never met the receiver's racket. For a moment, I didn't hear anything. The next moment, my partner ran up to me and hugged me. I finally understood. We won! I hugged my partner, too, and then we shouted together, "Yeah!!"

　この例でも，形容詞や副詞を少しは使っていますが（deep や finally），心情を直接的に表現する語は使っていません。それでも，nervous, excited, happy といった感情は，それらの語を使うよりも鮮明に伝わるのではないでしょうか。

　このような表現力を高める練習としては，例えば "What do you do when you are happy / blue / confused?" という生徒に問いかけ，ある感情が，どのような身体表現になって表出するかを考えさせ，それを言い表す英語を学ぶ，というやり方があります。

Tips!!
　情景を生き生きと伝えるには，１つの場面を描写する語数を増やすとよい。また，形容詞・副詞にできるだけ頼らないで具体的な動作や事物を描写するとよい。

09 統一感のある意見文を書く Umbrella Idea

#思考・判断・表現　#書くこと

1 紋切型を超える

　意見を述べるタイプの英作文では，次のような「型」が教えられることがあります。「学校でのスマホ使用は認められるべきか」というテーマを例にとります。

> **I think** students should be allowed to use their own smartphones at school. **I have two reasons.** **First,** smartphones are useful in searching for information. If students can use them in class, it will be helpful. **Second,** many high school students own smartphones today. They use them in their daily life, so there will be little problem in using them at school, too. **For these reasons,** schools should allow their students to use their smartphones at school. (77 words)

　テストの答案としては，このくらいの構成で書ければ及第点かもしれません。しかし，英語の文章としては，いかにも拙い，というのが私の感想です。最大の問題は「統一感のなさ」です。理由が２つ挙げられていますが，なぜその２つなのかがわかりません。その２つがすべてを網羅しているのか，他にもある中で特に重要な２つを述べているのか不明です。「スマホは情報検索に便利」というのと「生徒は使い慣れているから大丈夫」というのでは，視点が定まっておらず，ちぐはぐです。

　生徒の作文を一定のレベルに整えるまでは，ひとまず中身は気にせず，こういった文章構成の型をなぞらせる指導は有効です。しかし，「テストを乗り切る」ことを超えて「英語でまともな文章を書く」ことを目指すなら，型をなぞるだけでよしとする段階から，やはり中身をしっかり考えさせる段階へと進みたいものです。

2 「具体→抽象」「部分→全体」で考える

　なぜ２つの理由がちぐはぐになるかというと，多くの場合，プランニング（planning）が不足していて，思いつくままに書き連ねるからです。特に，２つ目の理由は，苦し紛れにひねり出したものになることが多いようです。

　本来，意見文のパラグラフは「抽象→具体」「全体→部分」で情報が流れるのがよいとされ

ます。先に述べた抽象論や全体像について，後から具体化・詳述するわけです。しかし，上の例では，どれが抽象でどれが具体か，どの全体をどのように部分に分けているのかがわかりません。それで，ちぐはぐな印象になるのです。

　この問題点を克服するために，私は "Umbrella Idea"（傘概念）という考え方を指導します。細分化されたものを「包括する（overarching）」概念，という意味です。理由を2つ挙げるとして，ではその2つの理由を包括する上位概念は何か？　と考えるわけです。

　具体的には，黒板に右のような図を描きます。そして，傘の左側に，まず思いついた1つ目の理由を書きます。上の例の場合，「情報検索に便利」です。次に，その理由の上位概念を考えて傘の部分に書きます。この場合，例えば「学習に有効」とします。そして，その上位概念に含まれる，1つ目の理由とは別の下位概念は何かと考えます。この場合，例えば「板書や実験ノート等の情報管理に便利」とします。このように整理した上で，傘の生地部分を「抽象／全体」，下の部分を「具体／部分」として文章を書くことができます。

学習に有効

情報検索
に便利　　情報管理
　　　　　　に便利

　Students should be allowed to use their own smartphones at school **because it is effective for their study.** Students can use smartphones to search information during class. When they want to know more about something that their teacher has mentioned, they can access the internet and satisfy their intellectual curiosity. In addition, they can use smartphones as a memory device. They can take photos of the blackboard or record what they are doing during experiments. Schools have good reasons to allow their students to use their smartphones for their study. (90 words)

※下線部が Umbrella Idea

> **Tips!!**
>
> Umbrella Idea の考え方が身につくと，統一感のある意見文が書けるようになる。

10 パフォーマンス課題を相互評価する「作戦会議」

#思考・判断・表現　#対話的な学び

1　生徒同士で作戦会議

　生徒が準備して臨むパフォーマンス課題では，与えられた課題をどうクリアすればよいか，生徒同士で知恵を出し合う「作戦会議」を設けることができます。例えば，「物語を創作する」という課題では，次のようにします。まず，物語教材を扱う中で，「物語とは何か」「どのような要素が"物語らしさ"をつくるのか」といったことについて，やや専門的な知識を与えます。その上で，「プラニングシート」に従って，自分の創作物語の構想を立てます。また，この課題では，最終的にどのような観点から作品が評価されるかを，「評価シート」を提示することで知らせます。

<table>
<tr><td colspan="2">物語を作ろう　Story Plan</td></tr>
<tr><td colspan="2">1. 三幕構成</td></tr>
<tr><td>設定</td><td></td></tr>
<tr><td>　　ターニングポイント</td><td></td></tr>
<tr><td>対立</td><td></td></tr>
<tr><td>　　ターニングポイント</td><td></td></tr>
<tr><td>解決</td><td></td></tr>
</table>

「英雄の旅」：日常世界→冒険への誘い→冒険の拒否→賢者との出会い→戸口の通過→試練・仲間・敵→最も危険な場所への接近→最大の試練→報酬→帰路→復活

2. 登場人物

主人公		影	
仲間		賢者	
使者		戸口の番人	
シェイプシフター		トリックスター	

3. 対立・取り引き・契約・妥協・決着

主人公の求めるもの	
主人公を阻むもの（と，それが求めるもの）	
その他の登場人物の求めるもの	

プラニングシート

Picture Story

チェックリスト

自己評価 ＿＿＿＿＿＿＿＿

□ 人物・場面に具体的な「設定」がある。　　　　　　　　　3 - 2 - 1
□ 人物（特に主人公）に明確な「目的」がある。　　　　　　3 - 2 - 1
□ 冒頭と末尾の間で主人公が「変化」している。　　　　　　3 - 2 - 1
□ 変化の「きっかけ」が描写されている。　　　　　　　　　3 - 2 - 1
□ 変化の「過程」が描写されている。　　　　　　　　　　　3 - 2 - 1
□ 与えたい「読後感」（楽しい・考えさせられる等）が明確である。　3 - 2 - 1
□ 全体の「構成」が明確である。　　　　　　　　　　　　　3 - 2 - 1

評点 ▢

評価者1 ＿＿＿＿＿＿＿＿

□ 人物・場面に具体的な「設定」がある。　　　　　　　　　3 - 2 - 1
□ 人物（特に主人公）に明確な「目的」がある。　　　　　　3 - 2 - 1
□ 冒頭と末尾の間で主人公が「変化」している。　　　　　　3 - 2 - 1
□ 変化の「きっかけ」が描写されている。　　　　　　　　　3 - 2 - 1
□ 変化の「過程」が描写されている。　　　　　　　　　　　3 - 2 - 1
□ 与えたい「読後感」（楽しい・考えさせられる等）が明確である。　3 - 2 - 1
□ 全体の「構成」が明確である。　　　　　　　　　　　　　3 - 2 - 1

評点 ▢

評価シート

ある程度構想が立ったところで，グループワークで各自の構想を発表します。それに対して，グループのメンバー同士で，お互いの構想について疑問や修正案をぶつけます。例えば，「登場人物が多すぎてわかりづらい」「ターニングポイントがご都合主義」といったようなことです。物語をメタ的に捉えることに慣れている生徒もいれば，そうでない生徒もいますが，こういったやり取りを通じて，徐々に考え方がわかってきます。また，自分たちが普段読んでいる漫画や小説，あるいは映画やゲームなどの知識が援用できることに気づき，「○○のお話みたいにすればいいんじゃない？」というアドバイスが生まれることもあります。

2　教師とのカンファレンス

　生徒同士の意見交換では，思いつき程度のことでもいろいろと気軽に言いやすいというメリットがあります。一方で，プラニングシートや評価シートに基づかない，個人的な好みからのコメントに偏ってしまう場合もあります。そこを補正するために，構想や書き始めの段階で，教師が生徒一人ひとりと面談し，構想や進捗状況，今後の方針等について相談する「カンファレンス」を実施します。教師は，この段階では客観的な評価者ではなく，積極的に物語の創作を後押しする助言者になります。生徒の構想で無理があるところや，話の展開のさせ方で悩んでいるところについて，「プラニングシート」や「評価シート」に基づいて助言します。例えば，このようなやり取りがありました。

> S：最初は自信のなかった主人公が自信をもつように変化します。
> T：変化のきっかけは何？
> S：試合に勝ったことです。
> T：試合に勝てたのはなぜ？
> S：うーん，がんばって練習したから？
> T：じゃあ，なんで練習をがんばれたのかっていう描写があると，変化の過程がわかりやすくなるからいいね。
> S：なるほど。じゃあ，「対立」のところをもうちょっと増やします。

　評価全般に言えることですが，「何がよいパフォーマンスなのか」が共有できていると，こういった主体的・対話的な学びが可能になります。

Tips!!
「作戦会議」を通じて評価規準が共有され，学習が主体的・対話的になる。

11 よってたかってスピーチ強化

#思考・判断・表現　#対話的な学び　#話すこと［発表］

1　帯活動でのスピーチ

　帯活動的に，生徒に輪番でスピーチをさせることがあります。発表担当の生徒には，原稿の添削や発音のチェックなどの指導をすることが多いでしょう（完全おまかせ出たとこ勝負，というのも私は好きですが）。では，発表担当ではない生徒は？

　よくやるのは，スピーチの内容（<u>What</u> the speaker has said）に関して質問をさせることでしょう。質問するためにはよく聞いておかなければなりませんし，Q&A は［やり取り］の練習になります。意味に焦点を当てたコミュニケーションという観点から有意義な活動です。

　一方で，スピーチの仕方（<u>How</u> the speaker has said it）についてはどうでしょう？　これについても，生徒同士がお互いのスピーチについてコメントを述べ合う「相互評価」を活動に取り入れることは少なくないと思います。ただ，「評価」とは言っても，欠点を指摘するのは同級生にダメ出しをするようで気が引ける生徒も多いでしょう。それに，お互いのパフォーマンスを評価するのに自信がもてないこともあるでしょう。その結果，当たり障りのないコメントに終始して，学習活動としてはあまり効果的ではないことになってしまいがちです。

　しかし，最終的に生徒が自立して英語が使えるようになるには，自分自身のパフォーマンスをメタ認知し，スキルを意識的に運用することが重要です。その練習として，生徒同士でお互いのパフォーマンスを分析し，上達に向けてアドバイスし合う場を設けます。

> ①4人程度の学習班に分かれる。
> ②毎回の授業で，班のうち1人が班内でスピーチを発表する（スピーチのトピックや発表時間などは教師が指定するほか，生徒の発案に任せるなど，いろいろ）。
> ③発表後，班のメンバー全員で，発表者のスピーチが，どうすればもっと上手なものになるかを検討する。その過程で発表者は改善したバージョンを実演する。
> ④検討後，発表者は他の班に出かけていって，改善したバージョンのスピーチをする。
> ⑤教師は②〜④をモニタリングし，生徒の助言や実演のよかったところや改善すべきところについてフィードバックする。

　大事なことは，③の検討時に，どのような観点から改善点を指摘させるかです。私の場合，

だいたいいつでも共通して検討させるのは，次のことです。

(A) 4種類の Voice Inflection（抑揚）：相手に特に伝えたいところを……
　　1) 強く言う（Stressing）　　　2) 伸ばして言う（Stretching）
　　3) 一呼吸置いてから言う（Pausing）　4) 繰り返して言う（Repeating）
(B) 話す速さ：スピーチの冒頭部分は，話し手としてはゆっくりすぎると感じるくらいゆっくり言う。聞き手としては，最初に何について話すのかなど，おおまかなことがわからないと，その後の話についていけなくなるため。
(C) 声の大きさ：一番遠い聞き手が身を乗り出さなくても聞こえる声量で言う。

　(C)については，生徒全員が大きな声を出すのも難しいのですが，少なくとも，自信がなくて声が出ないという場合に関しては，「班の人からサポートしてもらったのだから」「ちゃんと練習したのだから」と背中を押してあげることで改善されることが多いように思います。
　そして，もう1つ大事なのは，この指示です。

自分のことは棚に上げなさい。

　お互いが不得手な外国語ですから，「自分もできてないから他人のことは言えないよね」などと遠慮していると，いつまでたってもコメントができません。お互いが気持ちよくコメントを言ったり受け取ったりできるように，これを共通理解とするように指導します。なお，文法・語法的なことについては，生徒同士で正確に指摘するのは難しいので，意味が伝わる限りは放置でよい，ということにします（可能な範囲で教師が介入します）。
　実際の授業では，次のようなやり取りが聞かれました。

A：最初に "My pet is lizard." ってさらって言ってたけど，lizardって予想してない単語だからよくわかんなくて，最初何の話かわからんかった。
B（発表者）：そうかー。ゆっくり言ったらよかった？
C：ゆっくりっていうより，タメて言うとか繰り返す方がいいかも。
B：My pet is ... lizard. Lizard! こんな感じ？

Tips!!
検討する観点を具体的・明示的に共有することで，学習のメタ認知・自己調整を促す。

12　話す力が身につくQ&Aの質問づくり

#思考・判断・表現　#話すこと［やり取り］

1　質問づくり

　スピーチやプレゼンテーションでは，発表後に質疑応答（Q&A）の時間を設けることも多いでしょう。しかし，特に聞きたいことが思いつかない場合も多く，発表者が "Do you have any questions?" と投げかけても質問が出ず気まずい沈黙が流れたり，それを避けるために，いつも同じ生徒が気を利かせて質問したり，という状況になりがちです。

　そういうときに思い出したいのは，質問することは，相手の話に興味をもっていることを示す「礼儀」でもあるということです。たとえ話の内容が全部理解できていても，何か質問すること自体に，相手との関係をつくるという意味があるのです。

　とすると，単に知りたいことがあれば質問するというのでは不十分で，意識的に質問を「つくる（create）」スキルを生徒に教えておく必要がありそうです。質問のスキルとして取っつきやすいのは「５Ｗ１Ｈ」でしょう。Who, What, When, Where, Why, How, そして How many, How large, How old など，疑問詞をとっかかりにして質問を考えてみるやり方です。

　そこからもう一歩踏み込んだ方法としては，SCAMPER法があります。これは，発想を広げてアイデアを出すときに使う枠組みで，SCAMPERとは，物事を見る観点を表すキーワードの頭文字を並べたものです。この枠組みを質問づくりに応用します。

観点	考え方	質問：What happens when you ….
Substitute	他のものと置き換えてみる	replace it for something else?
Combine	他のものと組み合わせてみる	put it together with something else?
Adapt	既存のものを当てはめてみる	apply what you already have to it?
Modify	変形させてみる	change its outside or inside?
Put to other uses	他の用途に使ってみる	use it for other purposes?
Eliminate	何かを減らしてみる	take away something from it?
Rearrange	配列を変えてみる	change its arrangement?

　例えば，発表者が，"My Pet" というトピックで，飼っている犬について話したとすると，次のような質問をつくることができます。

Substitute：What other animals do you want to keep?

Combine：Do you want to keep more dogs?

Adapt：Is your dog like your brother, or is it like your friend?

Modify：If your dog were a human, what would you like to talk about with him?

Put to other uses：What is good about keeping a dog?

Eliminate：Imagine you don't have a dog. How would your life be different from now?

Rearrange：What will happen if you try to walk him in the opposite direction?

　SCAMPER は，あくまで質問を思いつくためのきっかけですので，結果的に思いついた質問が SCAMPER に当てはまらなくても全然問題ありません。

2　答え方

　発表者の立場で，質問を受けて答えるのも簡単ではありません。一問一答式に答えられる質問ばかりではなく，情報を再整理して，ある程度まとまった文章にしないと答えられない質問もあります。そういった質問に即興で答えるには，一般的な英語力に加えて，「答え方」のスキルが重要になります。

　そういったスキルの 1 つは，いわゆる conversation fillers です。とっさに答えが出てこないときに，"Well ...." "Let's see ...." "I mean ...." のような表現をつぶやくことで沈黙を避けながら，その間にどう答えるか考えるのです。慣れないうちは，conversation fillers を言うことで頭がいっぱいになってしまって逆効果なのですが，だからこそ失敗が許される教室で学べるうちに練習させておきたいところです。

　もう 1 つは，答え方のフレームワークです。"Thank you for asking that. That's a good question. I think _____ is important, too. It is hard to say it in a word, but at least I can say _____." のように，答え方をある程度パターン化させておくと，質問を受けるのが少し楽になります。これについては，次項で詳しく扱います。

> **Tips!!**
>
> 質疑応答は，スキルとして定式化して練習させる。

13 話す力が身につくQ&Aの答え方

#思考・判断・表現　#話すこと［やり取り］

1　答え方のフレームワーク

　スピーチやプレゼンテーションなどに続く Q&A では，カジュアルな会話と違って次のような特徴があるので，答え方にも技術が要ります。

> ・何度も言葉を交わすのが難しいので，一度のやり取りで，ある程度まとまった情報量を提供することが求められる
> ・質問者当人だけでなく，傍で聞いている他のオーディエンスにも理解してもらえるように話さねばならない
> ・ややフォーマルな言葉遣いが適切である場合が多い

　そこで，答え方の基本的なフレームワークを次のように決めて，質問に答える練習をさせます。

① Thank		質問に対して礼を言う
		Thank you for asking that. / That's exactly what matters here.
② Repeat		質問を反復する
		Your question is … right? / Your point is …. Am I right?
③ Answer	Basics	回答を理解するための（既知の）前提知識を示す
		In principle …. / As you may know …. / As I mentioned in ….
	Core	質問に対する直接的な回答を述べる
		The most important thing is …. / Let me emphasize that ….
④ Check		回答が理解してもらえたか確認する
		Does this answer your question? / Am I clear?

　各項目の頭文字を取って "TRAC framework"（トラック）と呼び，特に重要な❸については，"ABC" で整理して覚えやすくします。

　このフレームワークの趣旨は次の通りです。

> ・質問を繰り返すことで，何が問題になっているかを他のオーディエンスと共有する

・相手の知っていることに基づいて回答することで納得してもらいやすくする

・前提知識を明示することで，オーディエンスの予備知識の凸凹を均す

・回答の核心部分に至るまでに段階を踏むことで，自分を落ち着かせ，回答を整理する

案外難しいのが "Basics" の部分です。話題にもよるので一概には言えませんが，1つの練習としては，"As you know, everyone wants to be happy." や "In principle, any expert can make mistakes." のような，誰もが「それはそうだ」と同意せざるを得ないような大きな話（big idea）をもち出してみる，というやり方があります。

2　答えづらい質問も好機

時には，ちょうどよい答えをもち合わせていない質問や，自信をもって答えることができない質問を受けることがあります。そのようなときでも，"I have no idea." で済ませてしまうのはもったいない。たとえ「ど真ん中」の答えができなくても，質問をきっかけにして自分の伝えたいことをアピールしたり話題を広げたりすれば，オーディエンスに何らかの「お土産」をもって帰ってもらうことができます。

具体的には，"I'm afraid I don't have a direct answer to your question." などと断った上で，"But your question reminds me of my past experience, so let me share it with you." のように，質問に何らかの関連のある情報を提供することができます。

あるいは，質問の中からキーワードを拾い出し，それについて話題を広げることもできます。"You just mentioned coffee, and that's an important topic to discuss here. Actually, coffee is not just something to enjoy in your daily life. We can look at coffee from a very different point of view." のように，1つのキーワードから話題を展開します。

たとえ質問に直接的に回答できなくても，自分なりに言えることを伝えることで，オーディエンスに food for thought を提供することになります。それがオーディエンスの思考を刺激し，議論が活性化することで，結果的に発表者や他の聞き手にとっても有益な情報がもたらされる，ということがありえます。ゼロからは何も生まれませんが，多少なりとも何かを提供すれば，そこから化学反応が起こりえるのがコミュニケーション，と考えましょう。

Tips!!

フレームワークがあれば質問に答えやすくなる。また，難しい質問にも，まずは答えることで，質問者・発表者双方にメリットが生まれる。

とっておきの授業エピソード

（山岡大基編）

1　映画アフレコの思い出

　課題研究で，当時人気のアニメーション映画のアフレコに挑戦。生徒たちの英語力からすると単語も難しくセリフも速い。それでも，彼女たちの「やってみたい」という気持ちが勝って，苦労の末，2シーンほどの収録に成功。成果発表会ではそのうち1つを披露し，他の生徒たちから拍手喝采。記録のDVDをつくるのに手間取って，なんとか卒業式の日に生徒に手渡しに行くと，「私，これがんばったから欲しかったんです！」と満面の笑み。彼女たちが英語に楽しい思い出をもって社会に出て行くことができたのだとしたら，英語教師冥利。

2　「あー！　そーゆーことか！」

　定期テスト前に，単位の危うい人たちを集めての放課後補習。ふだんは受けもっていない学年の生徒たちに，自分の授業で取り入れていた「記号づけ」で指導。「英語はセン・マル・セン，日本語はセン・セン・マルだよ」。すると「あー！　そーゆーことか！」「めっちゃわかりやすい！」「俺でも訳せる！」。飛び込みワンショットだからこそのインパクトもあったのでしょうが，彼らのあの驚いたような笑顔は，大いに励みになりました。

3　男子生徒が燃えた物語創作

　グループごとにメンバーのリレー形式で物語を創作する活動。とあるゆかいな男子グループが，コソコソ，ヒソヒソと何やら楽しげな様子。あまり英語に熱心でない生徒も一生懸命に辞書をにらんで執筆中。「まあ，そういうことだろうな」と察しはついたので忠告はしたものの，出てきた作品は想像以上のR指定。「これを授業で他のグループに読んでもらうわけにはいかないだろう！」と叱りましたが，彼らの「やりきった感」は爽やかでもあり。

▶▶ Reference 参考文献

Chapter 1

Council of Europe（2001）. Structured overview of all CEFR scales.
    https://rm.coe.int/CoERMPublicCommonSearchServices/DisplayDCTMContent?documentId=090000168045b15e
Larsen-Freeman, D.（2003）Teaching language: From grammer to grammaring: Heinle & Heinle.
金谷憲，青野保，太田洋，馬場哲生，柳瀬陽介編（2009）『［大修館］英語授業ハンドブック〈中学校編〉DVD 付』大修館書店
国立教育政策研究所（2010）『評価規準の作成のための参考資料（中学校）』
    https://www.nier.go.jp/kaihatsu/houkoku/stgaikokugo.pdf
佐々木啓成（2020）『リテリングを活用した英語指導―理解した内容を自分の言葉で発信する』大修館書店
田地野彰編（2021）『明日の授業に活かす「意味順」英語指導―理論的背景と授業実践』ひつじ書房
文部科学省（2017a）『中学校学習指導要領（平成29年告示）』
文部科学省（2017b）『中学校学習指導要領（平成29年告示）解説 外国語編』
文部科学省（2017c）『中学校学習指導要領（平成29年 3 月31日公示）比較対照表』

Chapter 2

安彦忠彦（2014）『「コンピテンシー・ベース」を超える授業づくり』図書文化
遠藤洋路（2022）『みんなの「今」を幸せにする学校』時事通信社
旺文社（2021）『2021年受験用 全国大学入試問題正解 英語（国公立大編）』
上山晋平（2016）『授業で変わる！ 英語教師のためのアクティブ・ラーニングガイドブック』明治図書
上山晋平（2017・2020）『英語教育』（大修館書店）2017年10月号増刊号，2020年 9 月号，2020年10月号
上山晋平（2018）『中学・高校英語スピーキング指導』学陽書房
上山晋平（2020）『中学・高校英語ライティング指導』学陽書房
工藤勇一・青砥瑞人（2021）『最新の脳研究でわかった！自律する子の育て方』SB クリエイティブ株式会社
白井俊（2020）『OECD Education2030プロジェクトが描く教育の未来：エージェンシー，資質・能力とカリキュラム』ミネルヴァ書房
鈴木克明監修，市川尚・根本淳子編著（2016）『インストラクショナルデザインの道具箱101』北大路書房
鈴木克明・美馬のゆり編著（2018）『学習設計マニュアル』北大路書房
田中治彦（2020）「SDGs で持続可能な社会の創り手を育てる教育を」『新教育ライブラリ Premier Vol.1』ぎょうせい
田中博之編著（2021）［月刊高校教育2021年12月増刊］『高等学校 探究授業の創り方』学事出版
デール・カーネギー（1999）『人を動かす（新装版）』創元社
永田佳之（2021）「ESD のさらなる推進」『最新教育動向2022』明治図書
文部科学省（2019）『高等学校学習指導要領（平成30年告示）解説 総合的な探究の時間編』学校図書株式会社
文部科学省（2018）『小学校学習指導要領（平成29年告示）』東洋館出版社
文部科学省（2021）『持続可能な開発のための教育（ESD）推進の手引（令和 3 年 5 月改訂）』
山本崇雄氏，山藤旅聞氏（新渡戸文化中学・高等学校）の各種講演・発言
公益財団法人ユネスコ・アジア文化センター（2020）『変容につながる16のアプローチ SDGs を活かした学校教員の取組』
    https://www.accu.or.jp/cms/wp-content/uploads/2020/08/ACCU_text_SDGs.pdf
Kolb,D.A.（1984）Experiental Learning: Experience as the Source of Learning and Development. New Jersey: Prentice-Hall.
日本ユニセフ協会（ユニセフ日本委員会）（2017）『「持続可能な開発目標」を伝える先生のためのガイド』
    https://www.unicef.or.jp/kodomo/nani/siryo/pdf/siryo_SDGs.pdf（2022年 2 月11日現在）
教育基本法
Z 会（2020）「"新しい学力"を身につけるために中高生にしてほしいこと_2020.6」https://www.zkai.co.jp/mirai/21c-027-index/

Chapter 3

石井遼介（2020）『心理的安全性のつくりかた 「心理的柔軟性」が困難を乗り越えるチームに変える』日本能率協会マネジメントセンター
今井裕之・吉田達弘（編著）（2007）『HOPE 中高生のための英語スピーキングテスト』教育出版
田中武夫・髙木亜希子・藤田卓郎・滝沢雄一・酒井英樹編著（2019）.『英語教師のための「実践研究」ガイドブック』大修館書店
佐々木啓成（2020）『リテリングを活用した英語指導―理解した内容を自分の言葉で発信する』大修館書店
中嶋洋一（2015）「「B タイプの学習規律」で自律的学習者を育てる」，『英語教育』2015年 4 月号，pp.14-15，大修館書店
波多野誼余夫・稲垣佳世子（1973）『知的好奇心』中央公論新社
ベネッセ教育総合研究所（2016）『ダイジェスト版中高の英語指導に関する実態調査2015』 https://berd.benesse.jp/up_images/research/Eigo_Shido_all.pdf（2022年 5 月 1 日取得）
三浦孝・弘山貞夫・中嶋洋一（編著）（2002）『だから英語は教育なんだ―心を育てる英語授業のアプローチ』研究社
宮崎貴弘（2021）「生徒の英語力を高めるには教師の『こだわり』が不可欠」『CHART NETWORK』2021年 9 月95号，pp.11-14，数研出版
Hall, J. K.（2001）*Methods for teaching foreign languages: Creating a community of learners in the classroom*. NJ: Prentice Hall.
Lantolf, J. P. and M. E. Poehner.（2004）Dynamic assessment of L2 development: bringing the past into the future. *Journal of Applied Linguistics*1: 49-74.
Nation, P., and Newton, J.（2008）*Teaching ESL/EFL listening and speaking*. London: Routledge.

Chapter 4

Barry Tomalin（2012）Collins English for Business: Key Business Skills. HarperCollins.
Cheryl B. Klein（2016）The Magic Words. W. W. Norton.
青木伸生（2013）『「フレームリーディング」でつくる国語の授業』東洋館出版社
青木幹勇（1986）『第三の書く』国土社
ウィリアム・A・ヴァンス，神田房枝（2017）『答え方が人生を変える』CCC メディアハウス
宇佐美寛（1978）『教授方法論批判』明治図書
高田明典（2010）『物語構造分析の理論と技法』大学教育出版
山岡大基（2018）『英語ライティングの原理原則』テイエス企画

【著者紹介】

奥住　桂（おくずみ　けい）＊担当　Chapter 1
帝京大学教育学部講師。共著『明日の授業に活かす「意味順」英語指導』（ひつじ書房），『中学英文法「意味順」ドリル１・２』（テイエス企画），『英語教師は楽しい―迷い始めたあなたのための教師の語り』（ひつじ書房）など。2020・2021年度に月刊誌『英語教育』（大修館書店）にて「これって本当に必要？　指導の当たり前を疑う」連載。
個人サイト https://okuzumik.com

上山　晋平（かみやま　しんぺい）＊担当　Chapter 2
広島県福山市立福山中・高等学校教諭。『改訂版　高校教師のための学級経営365日のパーフェクトガイド』（明治図書），『はじめてでもすぐ実践できる！　中学・高校　英語スピーキング指導』（学陽書房）など著書多数。中学校検定教科書『Here We Go!』（光村図書）編集委員。大修館オンライン探究教材『アクチュアル』編集委員。文科省「持続可能な開発のための教育（ESD）推進の手引」（令和３年５月改訂版）有識者。

宮崎　貴弘（みやざき　たかひろ）＊担当　Chapter 3
兵庫県神戸市立葺合高等学校教諭。共著『「プロ教師」に学ぶ真のアクティブ・ラーニング："脳働"的な英語学習のすすめ』（中嶋洋一編，開隆堂），『Q＆A高校英語指導法事典』（樋口忠彦監修，教育出版），中学校検定教科書『BLUE SKY』（啓林館）編集著者，高等学校検定教科書『CROWN Logic and Expression』（三省堂）編集著者。

山岡　大基（やまおか　たいき）＊担当　Chapter 4
広島大学附属中・高等学校教諭，県立広島大学非常勤講師。単著『英語ライティングの原理原則』（テイエス企画），共著『授業をグーンと楽しくする英語教材シリーズ46　即興的に「やり取り」する力をつける！高校英語スピーキング活動アイデア＆ワーク』（明治図書），『新・教職課程演習第18巻　中等英語科教育』（協同出版），『コーパス・クラウン総合英語』（三省堂），『英語で教える英文法』（研究社）ほか。

目指せ！英語授業の達人㊷

４達人が語る！至極の英語授業づくり＆活動アイデア

2022年10月初版第１刷刊　　　Ⓒ著　者　奥住　桂・上山晋平
　　　　　　　　　　　　　　　　　　　宮崎貴弘・山岡大基
　　　　　　　　　　　発行者　藤　原　光　政
　　　　　　　　　　　発行所　明治図書出版株式会社
　　　　　　　　　　　　　　　http://www.meijitosho.co.jp
　　　　　　　　（企画）木山麻衣子（校正）丹治梨奈
　　　　　〒114-0023　　東京都北区滝野川7-46-1
　　　　　振替00160-5-151318　電話03(5907)6702
　　　　　　　　ご注文窓口　電話03(5907)6668

＊検印省略　　　　　　　　組版所　藤　原　印　刷　株　式　会　社

Printed in Japan　　　　　　　　　　ISBN978-4-18-356625-6
もれなくクーポンがもらえる！読者アンケートはこちらから